Für Sebastian und Daniel
und alle anderen Kinder,
die durch vielfältige Klänge
mit Freude zur Musik finden.

Bettina Scheer

Kli
Kla
Klanggeschichten

Für Kinder von 2 bis 6

Gerne nehmen wir Ihre Anregungen, Wünsche, Kritik oder Fragen entgegen:
Don Bosco Medien GmbH, Sieboldstraße 11, 81669 München
anregungen@donbosco-medien.de
Servicetelefon: 089 / 48008-341

Bibliografische Information der Deutschen Nationalbibliothek

Die Deutsche Nationalbibliothek verzeichnet diese Publikation in der Deutschen Nationalbibliografie; detaillierte bibliografische Daten sind im Internet über http://dnb.d-nb.de abrufbar.

10. Auflage 2019 / ISBN 978-3-7698-1526-9
© 2005 Don Bosco Medien GmbH, München
www.donbosco-medien.de
Umschlag und Illustrationen: ReclameBüro, München
Satz: Don Bosco Druck & Design, Ensdorf
Druck: BoD – Books on Demand, Norderstedt

Gedruckt auf umweltfreundlichem Papier

Inhalt

Was macht Klanggeschichten
für Kinder wertvoll? 6

Voraussetzungen zum Einsatz
von Klanggeschichten 11

Verwendete Instrumente 16

Klanggeschichten für Kinder 20
    Die Instrumente stellen sich vor 20
    Hören und spüren 30
    Klanggeschichten mit einem Instrument 34
    Klanggeschichten mit zwei oder
    drei Instrumenten 47
    Klanggeschichten mit mehreren Instrumenten 55
    Erzählte Klanggeschichten 67

Was macht Klanggeschichten für Kinder wertvoll?

Kinder lieben es, Geschichten zu hören und Kinder lieben es, Klänge zu erzeugen. Was also liegt näher, als Klänge und Geschichten zu verbinden und mit Hilfe von Klanggeschichten eine ganze Reihe von Sinnen und Kompetenzen zu fördern, die für die kindliche Entwicklung von Bedeutung sind?

Klanggeschichten fördern die Intelligenz

Unser Großhirn teilt sich in die linke und rechte Großhirnhälfte, die miteinander über den so genannten Corpus callossum, zu Deutsch den Balken, verbunden sind. Für die Aus- und Weiterbildung der Gehirnstruktur ist es von großer Bedeutung, dass möglichst oft beide Hemisphären gleichzeitig angesprochen werden und über den Balken miteinander kommunizieren. Durch eine solche Aktivierung entstehen immer neue Verbindungen zwischen den Hemisphären und bereits geknüpfte Verbindungen bleiben erhalten. Je mehr Möglichkeiten ein Gehirn hat, ankommende Reize zu verarbeiten, desto schneller kann eine Reaktion erfolgen und umso schwierigere Aufgaben können gelöst werden.

Sprache und Zahlen werden hauptsächlich in der linken Gehirnhälfte verarbeitet. Ebenso ist sie verantwortlich für logisches Denken und Abstraktionsvermögen. Hier werden Details erfasst und analysiert, während in der rechten Hemisphäre das Gesamtbild verarbeitet wird. Die rechte Großhirnhälfte ist zuständig für Kreativität, Kunst, Vorstellungskraft und auch für einen Großteil musikalischer Reize. Musik ist ein Oberbegriff, unter dem vieles zusammengefasst wird: Sprache, Rhythmus, Takt, Tanz, Klänge erzeugen, Klänge hören, Melodien hören, Singen, Summen und so weiter. All das ist Musik und all das wird in unterschiedlichen Arealen verarbeitet und regt unterschiedliche Zentren an.

Klanggeschichten fördern die sprachliche und rhythmische Kompetenz

Dieses Buch enthält eine Vielzahl von Klanggeschichten in Reimform. Dieser Stil wurde bewusst aus zwei Gründen gewählt: Zum Einen übt diese Erzählweise eine große Anziehungskraft auf Kinder aus. Kinder lieben es, bereits beim zweiten Hören die letzten Worte der nachfolgenden Zeile ergänzen zu können. Der zweite Grund ist die Verbindung von Sprache, Rhythmus und Klängen. Durch die Kombination von Rhythmus und Klang wer-den in beiden Gehirnhälften zahlreiche Areale aktiviert. Durch die Verwendung von Reimen wird zudem spielerisch das Sprach- und Rhythmusgefühl der Kinder geschult. Reime zeichnen sich insbesondere durch einen deutlichen Sprachrhythmus aus. Ein gutes Sprachrhythmusgefühl ist dabei nicht nur für die kommunikative Verständigung von Bedeutung, sondern ist auch beim späteren Lesen- und Schreibenlernen von Vorteil.

Klanggeschichten fördern den auditiven Sinn und die Konzentration

Durch Klanggeschichten lernen Kinder, ihr Instrument erklingen zu lassen, wenn ihr Einsatz in der Geschichte es verlangt und ebenso, ihr Instrument zu einem bestimmten Zeitpunkt wieder zum Verstummen zu bringen. Dadurch werden gleichzeitig die Konzentration und der auditive Sinn (Hörsinn) gefördert.

Klanggeschichten fördern die Feinmotorik und den kinästhetischen Sinn

Beim Spielen der Instrumente wird die Feinmotorik geschult. Kinder lernen ihr Instrument so zu halten, dass es richtig klingen kann, was bei manchem Instrument für Kleinkinder nicht einfach ist, wie bspw. bei einer Triangel. Auch das Spielen eines Glockenspiels erfordert einiges Geschick, wenn die einzelnen Klangstäbe getroffen werden sollen. Darüber hinaus ist auch der kinästhetische Sinn gefragt, denn das schönste Glockenspiel und die teuerste Handtrommel erklingen nicht, wenn sie mit steifem Handgelenk gespielt werden. Das Schöne beim Instrumentenspiel ist, dass die Lehrkraft die Kinder nicht korrigieren muss, denn die Kinder hören, wenn ihr Instrument nicht richtig erklingt und berichtigen ihre Spielweise innerhalb kurzer Zeit selbst.

Klanggeschichten fördern die emotionale Intelligenz

Auch die emotionale Ausdrucksweise in der Musik kommt in Klanggeschichten besonders gut zur Geltung. Alle Instrumente haben unterschiedliche Klangfarben, weshalb jedes Instrument mit bestimmten Eigenschaften verbunden werden kann. Beispielsweise wird eine Maus immer mit einem hohen Ton assoziiert, während für die musikalische Darstellung eines Elefanten oder eines Bären ein schwerer, tiefer Ton z. B. mit einer Handtrommel erzeugt wird. Dabei ermöglichen Klanggeschichten eine noch weitaus feinere Differenzierung: Die Handtrommel, die den Bären verklanglicht, muss u. U. einmal einen fröhlichen Bären, einmal einen wütenden Bären oder vielleicht auch einmal einen kleinen verängstigten Bären charakterisieren.

Klanggeschichten stärken das Selbstbewusstsein und fördern die soziale Kompetenz

Fast alle Kinder musizieren gerne, so dass von den Instrumenten an sich ein hoher Motivationscharakter ausgeht. Durch das klangliche Umsetzen der einzelnen Figuren in den Klanggeschichten gewinnen auch die Kinder, die sich bislang nicht trauten, alleine vor einer Gruppe zu spielen, an Selbstvertrauen und musizieren gerne mit. Suchen sich diese Kinder zu Beginn des Kurses noch Instrumente aus, die gleichzeitig von mehreren

Kindern gespielt werden, so greifen sie doch sehr bald auch zu allein spielenden Instrumenten und verändern im Laufe der Zeit ihre Rolle in der Gruppe insgesamt. Eigentlich spielen nämlich gar nicht sie selbst, sondern es spielt die Figur, die sie gerade verkörpern.

Die soziale Kompetenz wird zum einen bereits beim Verteilen und späteren Tauschen der Instrumente und der damit einhergehenden Rollen gefördert, denn schließlich kann nicht jedes Kind die allseits beliebte Handtrommel spielen. Zum anderen ist soziale Kompetenz aber auch während des Spielens der Geschichte selbst gefragt, denn die Kinder müssen aufeinander achten und ihr Instrument verstummen lassen, wenn sie nicht an der Reihe sind.

Klanggeschichten vermitteln erste musikalische Grundkenntnisse

Auf spielerische Art und Weise vermitteln Klanggeschichten erste musikalische Parameter: laut und leise, schnell und langsam, hoch und tief. Das kindliche Ohr benötigt viel Übung im Hören von hohen und tiefen Tönen um einen Ton entsprechend seiner Tonhöhe zuordnen zu können. Auch das Umsetzen von langsamen Tönen erfordert Übung, ebenso wie das Spielen von schnellen, aber leisen Tönen. Klanggeschichten stellen Assoziationen her und helfen dadurch musikalische Parameter umzusetzen.

Voraussetzungen zum Einsatz von Klanggeschichten

Organisatorische und methodische Vorbereitungen

Das Schöne an Klanggeschichten ist, dass sie keiner großen Vorbereitung bedürfen. Sie können in einem Bewegungsraum ebenso umgesetzt werden wie in einem Stuhlkreis. Sie lassen sich jederzeit und überall einfügen, sowohl in einer musikalischen Einheit, in einem thematisch gebundenen Projekt, in einem Vorschulprojekt, in der Vorbereitung eines Elternfestes, aber auch schon bei den Allerkleinsten in Krippe oder Musikschule.

Die Gruppengröße zum Erarbeiten von Klanggeschichten ist abhängig von der Anzahl der zur Verfügung stehenden Instrumente. Abgesehen von einigen Klanggeschichten, die speziell für die kleineren Kinder geschrieben wurden und die mit nur einem Instrument umgesetzt werden, sollte grundsätzlich jedes Kind ein Instrument zur Hand haben. Sicherlich lassen sich einige Geräusche oder Klänge durch körpereigene Klanggesten ersetzen, aber es ist gerade der Gebrauch der Instrumente, der den Kindern die meiste Freude bereitet.

Klanggeschichten mit Kleinkindern erarbeiten

Die Klanggeschichten in diesem Buch sind nach Schwierigkeitsgraden sortiert. So stehen am Anfang kurze Klanggeschichten zur Instrumenteneinführung. Jeweils eine Geschichte stellt ein Instrument vor, das die Kinder auf diese Weise kennen und spielen lernen. Darauf folgen einfache und kurze Klanggeschichten, die bereits eineinhalbjährige Kinder spielen können. Laut und leise, langsam und schnell sind erste auditive und motorische Ziele.

Anfangs werden Klanggeschichten gewählt, in denen nur ein Instrument vorkommt, das allen Kindern in der Gruppe zur Verfügung steht. Idealerweise hat die Lehrkraft die Instrumente in einem Korb, den sie in die Kreismitte stellt, so dass sich jedes Kind sein Instrument selbst herausnimmt. Für so manches Kind ist es eine Überwindung, sich selbstständig in den Kreis zu begeben und sein Instrument zu wählen. In der Regel sind die Neugier und die Freude am Musizieren allerdings größer als die Angst, so dass auch scheue Kinder ihr Instrument schnell selbst holen und natürlich am Ende des Spiels auch wieder selbst aufräumen.

Für den Anfang eignen sich besonders Glöckchen, Rasseln und Klanghölzer. All diese Instrumente können auf verschiedene Arten gespielt werden. So können Glöckchen und Rasseln nicht nur in die Luft geschlagen, sondern auch in die andere Handfläche oder auf den Oberschenkel gepatscht oder ihr Griff auf den Boden getippt werden. Eine Vielzahl von Spielvarianten bieten auch

Klanghölzer. Sie können geschlagen, gerieben, getippt oder gerollt werden. Die Kinder sollten Zeit haben, ihr Instrument zu „entdecken". Ganz bestimmt fallen ihnen noch weitere Spielmöglichkeiten ein, die die Lehrkraft aufnehmen und integrieren sollte.

Die nächste Anforderung an Kleinkinder sind Klanggeschichten mit einem Instrument, das nur einmal in die Gruppe gegeben wird und das reihum von jedem Kind gespielt wird, z. B. eine Handtrommel, ein Glockenspiel oder ein Klangfrosch. Die Lehrkraft spielt die Klanggeschichte vor und gibt das Instrument an ein Kind weiter. Die Lehrkraft spricht den Vers, während das Kind spielt. Mit Sicherheit wird auch das ein oder andere Kind aus der Gruppe nach einiger Zeit versuchen mitzusprechen. Das Tempo der Sprache richtet sich nach dem Tempo, das das spielende Kind vorgibt. Hier wird auf der einen Seite das Selbstbewusstsein des spielenden Kindes gestärkt, während auf der anderen Seite die soziale Kompetenz der anderen Kinder gefördert wird. Die Kinder müssen ruhig abwarten, bis sie an der Reihe sind, während das alleine spielende Kind die Spannung aushalten muss, dass die gesamte Gruppe nur ihm zuhört.

Erst wenn die soziale Kompetenz einer Gruppe so weit entwickelt ist, dass ein Instrument reihum gegeben werden kann, sollten Klanggeschichten mit zwei oder drei Instrumenten ausgesucht werden. Der Schwierigkeitsgrad steigt mit mehreren Instrumenten bei gleichzeitig unterschiedlicher Spielart und der Länge der Geschichte.

Klanggeschichten im Kindergarten

Beim Arbeiten mit Kindern, die noch keinerlei Erfahrung mit Klanggeschichten haben, empfiehlt es sich, die Instrumente gleich entsprechend ihren Rollen zu verteilen. Doch bereits nach kurzer Zeit können Kinder im Kindergartenalter bei der Instrumentierung der Geschichte aktiv werden. Dafür werden alle benötigten Instrumente für alle sichtbar in die Kreismitte gelegt. Die Lehrkraft erzählt, welche Rollen in der Geschichte vorkommen, und in einem gemeinsamen Gespräch werden die Instrumente den Rollen zugeordnet. In einem fortgeschrittenen Stadium stehen schließlich in der Kreismitte mehr Instrumente zur Verfügung als für die Geschichte erforderlich sind, so dass die Auswahl schwieriger wird.

Kinder dieser Altersgruppe können auch Bewegungsklanggeschichten spielen. Die motorischen und geistigen Anforderungen an die Kinder sind bei diesen Geschichten entsprechend hoch. Ein Instrument muss gehalten und geschlagen werden, dazu müssen die Kinder koordiniert durch den Raum gehen und auf den Text im Vers achten, damit sie ihren Einsatz nicht verpassen.

Im letzten Teil des Buches finden sich einige umfassendere Klanggeschichten, die im Erzählstil geschrieben sind. Bewusst wurde dabei ein Stil gewählt, der es der Lehrkraft erlaubt, die Geschichte vorzulesen. Dabei können einerseits einige Passagen ausgelassen werden, wenn bspw. weniger Kinder zur Verfügung stehen, als die Geschichte

Rollen vorgibt, andererseits können auch gemeinsam mit den Kindern die Geschichten weiter gesponnen werden, wenn mehr Rollen benötigt werden. Auch Doppelbesetzungen von Rollen sind ohne weiteres möglich. Es sind Geschichten, die besonders die 4–6-jährigen Kinder lieben, da sie ihnen ermöglichen, in eine andere Welt abzutauchen. Kinder mögen Hexen, Piraten und Indianer. Empfehlenswert ist es, diese Geschichten in thematische Stunden einzubauen. Ein Hexenhut oder eine Indianerfederkrone sind schnell gebastelt und bereiten den Kindern zusätzliche Freude. Sie sind besonders in altersgemischten Gruppen leicht umzusetzen, so dass sie sich auch gut zur Aufführung einer Elternveranstaltung eignen. Jede Klanggeschichte besitzt Instrumentierungsangaben, die als Vorschläge zu verstehen sind. Sind einige der vorgeschlagenen Instrumente nicht in der bestehenden Ausstattung vorhanden, so kann der Klang durch ein anderes Instrument oder durch körpereigene Klanggesten, bzw. Mundgeräusche ersetzt werden. Dabei sollte lediglich beachtet werden, dass der Klangcharakter des Instruments zu seinem Einsatz in der Klanggeschichte passt. So kann z. B. eine Holzblocktrommel, die einen Hasen verklanglicht ohne weiteres durch Klanghölzer ersetzt werden.

Das Hauptanliegen dieses Buches ist die Vermittlung von Freude an Musik sowie am Spielen von Instrumenten selbst. In diesem Sinn wünsche ich Ihnen und „Ihren" Kindern viel Spaß beim Musizieren und freue mich über jedes Feedback von Ihnen.

Ihre Bettina Scheer

Verwendete Instrumente

Bongos — Cabasa — Chime

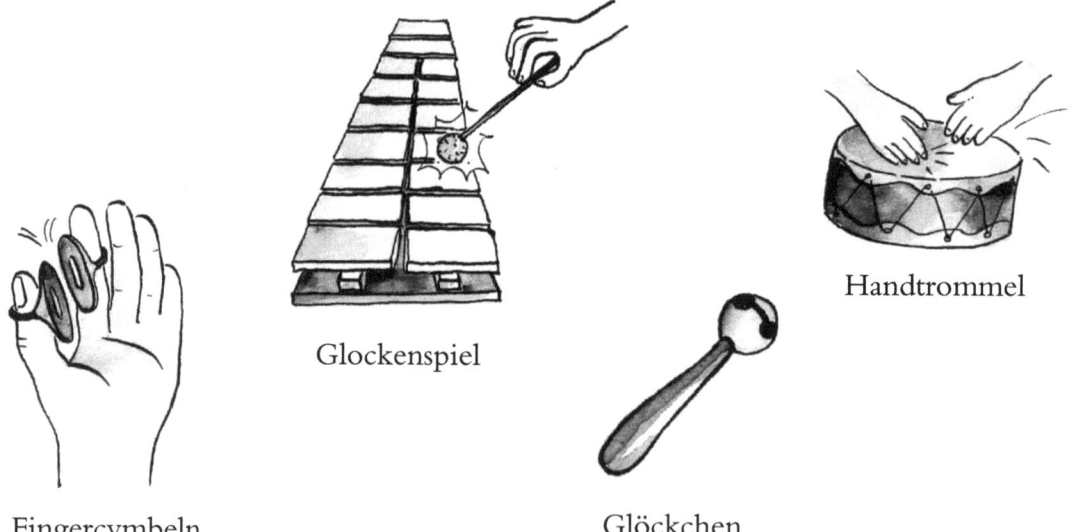

Fingercymbeln — Glockenspiel — Glöckchen — Handtrommel

Holzblocktrommel

Kazoo

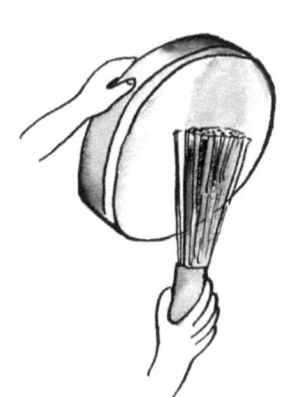
Handtrommel mit Jazzbesen

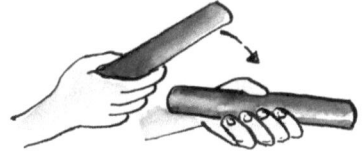
Klanghölzer

Klangfrosch

Klangschale

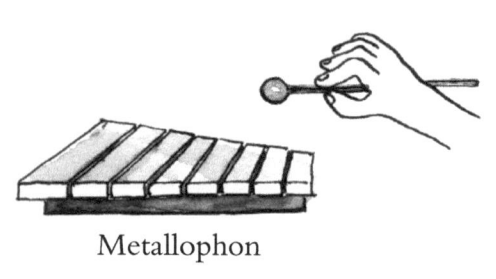
Metallophon

Oceandrum

Rainmaker

Rassel

Reco-Guiro

Rührtrommel

Schellenkranz

Schellenring

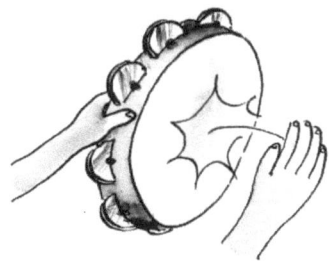
Schellentambourin

Schlittengeläut

Shekere

Stielkastagnette

Stimmgabel

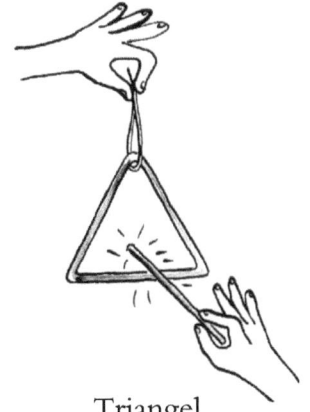
Triangel

Wooden Agogo

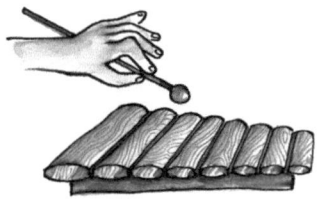
Xylophon

Klanggeschichten für Kinder

Die Instrumente stellen sich vor

Klanghölzer

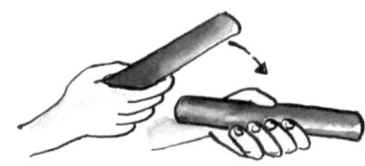

Klanghölzer zeigen und spielen wie im Text beschrieben

Klanghölzer findet man immer als Paar.
Zusammen klingen sie wunderbar.

Sie sind dick und lang und rund,
sind aus Holz und gar nicht bunt.

Sie klingen mal laut und auch mal leise
erzeugen Klänge auf mancherlei Weise:

sie können klopfen, hämmern, tippen,
hobeln, sägen, trommeln, wippen.

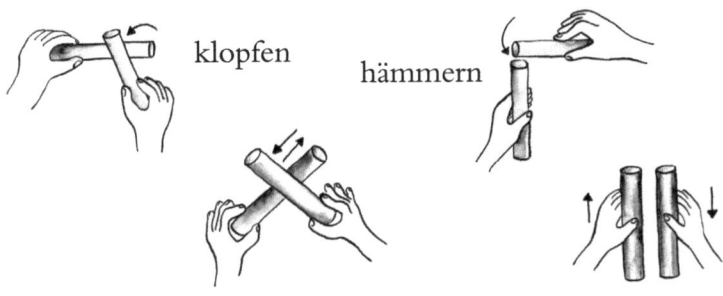

klopfen   hämmern

hobeln   sägen

Trommeln: Kanghölzer wie Trommelstöcke in Händen halten und mit ihnen auf den Boden trommeln.

Wippen: Ein Klangholz parallel zum Boden in den Fingern halten, mit dem anderen Klangholz abwechselnd auf beide Enden klopfen.

Rasseln

Rasseln werden leicht geschüttelt,
mal geklopft und mal gerüttelt.

Den Rhythmus geben sie uns vor,
mal laut, mal leis' dringt er ans Ohr.

Rasseln in angegebener Weise spielen

einen leichten Rhythmus vorspielen

Glöckchen

Glöckchen zeigen und auf die angegebene Weise spielen

Ein Glöckchen ist auf einen Stab geschraubt,
schütteln, klopfen, patschen sind erlaubt.

Schellenkranz

Ein dickes, schönes Lederband
ist an 'nen Griff aus Holz gespannt.

Schellenkranz spielen

Glöckchen sind an diesem Kranz,
sie klingen hell zu jedem Tanz.

Schellenring

Mein Holzring ist nicht gerne stumm:
Schellen reih'n sich ringsherum.

Schellenring spielen

Glockenspiel

Viele Stäbe aus Metall
gibt's zu sehn hier – überall.

Sie sind ganz unterschiedlich lang,
erbringen manchen schönen Klang.

Glockenspiel zeigen

Einzelne Klangstäbe anschlagen	Ein kleiner Schlegel tanzt auf mir, er ist mal dort und ist mal hier.
Laut und leise spielen	Es klingt mal laut, es klingt mal leise, unserem Schlegel gefällt seine Reise.
Über die Klangstäbe gleiten	So huscht er über klingende Stäbe als ob es gar nichts Schöneres gäbe.

Triangel

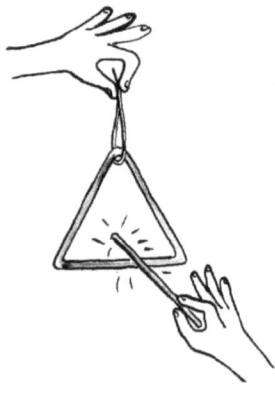

Triangel zeigen, an ihm mit einem Finger entlangfahren	Um drei Ecken hat man mich gebogen, doch spielt man mich mit keinem Bogen.
Schlegel zeigen, Triangel anschlagen	Um mich zum Klingen zu bringen, musst du auch nicht lauthals singen.
	Du kannst mich schlagen überall, mit einem Stab, ganz aus Metall.

Xylophon

Aus Holz ist unser Xylophon,
ein wenig hohl klingt jeder Ton.

Schlägst du die kurzen Platten an,
sind die hohen Töne dran,
schlägst du die langen Platten an,
sind die tiefen Töne dran.

Xylophon spielen
wie im Text beschrieben

Metallophon

Ein schöner extra langer Ton
erklingt von dem Metallophon.

Die Platten sind ganz aus Metall,
ihm gefällt sein eigner Hall.

Eine Klangplatte anschlagen

mehrere Klangplatten schnell
hintereinander spielen

Handtrommel

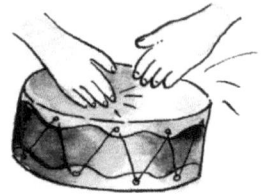

Handtrommel zeigen, mit der Hand übers Fell streichen	Die Trommel ist mit Fell bespannt, du kannst sie spielen mit der Hand.
mit der flachen Hand leise schlagen	Sie gibt uns jetzt den Rhythmus vor, ihr Ton klingt leis' an unser Ohr.
lauter spielen	Du kannst sie auch noch lauter hören, darfst dabei aber niemand stören.

Holzblocktrommel

Ein Block aus Holz – das ist kein Witz,
hat an der Seite einen Schlitz.

Der Holzblock ist ein Instrument,　　　　　　　Holzblocktrommel zeigen
das man als Holzblocktrommel kennt.　　　　und spielen wie im Text
　　　　　　　　　　　　　　　　　　　　　　　angegeben
Gespielt wird sie in aller Regel
mit einem kleinen runden Schlegel.

Reco-Guiro

Das Reco-Guiro ist aus „Holz" gemacht,　　　Reco-Guiro zeigen
zum Ratschen ist der Stab gedacht.　　　　　Stab zeigen

Laut tönt's, wenn er darüber flitzt,　　　　　spielen
denn Rillen sind ins Holz geschnitzt.

Cabasa

Cabasa hochhalten und dem Die Cabasa ist schön anzusehn,
Text entsprechend spielen du kannst sie schütteln oder drehn.

Rührtrommel

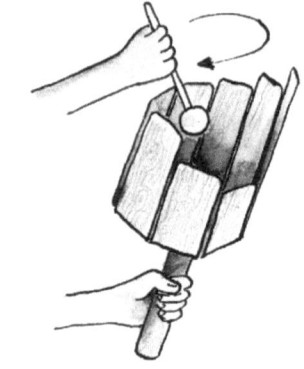

Rührtrommel spielen Hölzer aus verschied'ner Länge
erbringen wunderschöne Klänge,

wenn du den Schlegel mit der Hand
herumrührst an der Innenwand.

Bongos

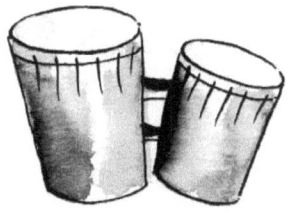

Bongos gibt es nur als Paar
Sie lieben sich – wie wunderbar.

Die kleine ist als „Mann" bekannt,
die große wird die „Frau" genannt.*

Einen einfachen Rhythmus
mit beiden Bongos spielen

die kleinere Bongo spielen
die größere Bongo spielen

Rainmaker

Wie einen kleinen Schatz sollst du mich hüten,
denn ich bin gefüllt mit getrockneten Kaktusblüten.

In Deutschland bin ich als Regenmacher bekannt,
doch vom Rest der Welt werd' ich Rainmaker genannt.

Rainmaker zeigen

Rainmaker langsam
umdrehen

---

* Original Spanisch „macho" und „hembra"

Hören und spüren

Klangschale

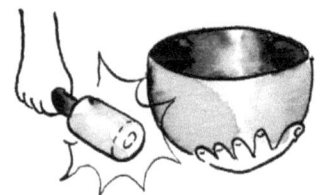

Klangschale anschlagen	Kinder, hört zu, und seid mal ganz leise wir schicken 'nen Ton auf lange Reise.
Klangschale weitergeben	Er will nicht nur die Ohren berühren, auch in den Händen könnt ihr ihn spüren.

Kleinkindern fällt es schwer die Klangschale so weiterzugeben, dass der Ton dabei nicht verloren geht. Einfacher ist es, mit der Schale herumzugehen, so dass die Kinder nacheinander die Schale unten mit ihrem Zeigefinger berühren können.

Oceandrum

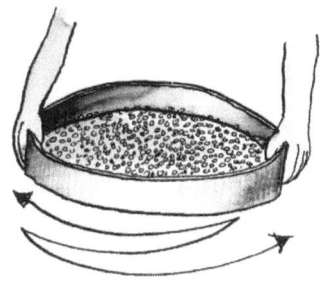

Ich habe die Oceandrum dabei.
Sie ist gefüllt mit Kügelchen aus Blei.

Mit ihr können wir in unseren Räumen
herrlich vom Rauschen der Wellen träumen.

Der Klang einer Oceandrum kann nachgeahmt werden, in dem Reiskörner mit einigen wenigen Maiskörner oder Erbsen gemischt werden und diese in eine umgedrehte Handtrommel hinein gegeben werden.

Oceandrum zeigen

Oceandrum leise spielen

Kazoo

Kazoo zeigen	Kazoo werd ich ganz gern genannt – bin aus der Formel 1 bekannt.
pusten	Willst du hören, wie die Autos rasen, dann darfst du überhaupt nicht blasen.
summen	Statt dessen musst du kräftig summen, dann hörst du die Motoren brummen.

Das Kazoo unterstützt vor allem die Förderung des Mundgefühls und die Stärkung der Mundmotorik. Aus hygienischen Gründen braucht jedes Kind sein eigenes Kazoo. Am besten wird jedes mit dem Namen oder den Initialen des Kindes gekennzeichnet, so können die Instrumente im Gruppenraum verbleiben.

Stielkastagnette

Stielkastagnette nennt man mich,
ich klapp're laut und spiel für dich.

spielen

Klanggeschichten mit einem Instrument

Blätterfall

laut rasseln, dabei die Rasseln von oben nach unten führen	Durch die Bäume fegt der Wind, wirft die Blätter ab geschwind.
Stille	Ob rot, ob gelb, ob grün, ob braun, alle fall'n sie ab vom Baum.

Bei Sturm

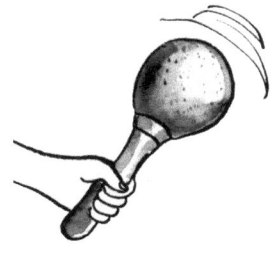

Es fegt ein starker Sturm laut rasselnd um die Ecken.	laut rasseln
Alle laufen in den Turm um sich zu verstecken.	Stille

Sternengewimmel

Was seh ich denn oben am Himmel? – ein tolles Sternengewimmel!	Glöckchen laut erklingen lassen
Sie leuchten hier, sie leuchten dort – am Morgen sind sie wieder fort.	Glöckchen verstummen lassen und hinter dem Rücken verstecken

Kuchen backen

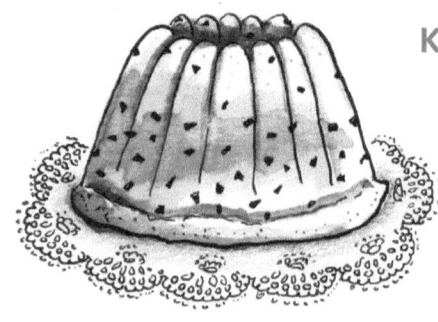
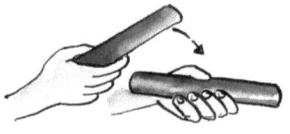

Klanghölzer klopfen	In der Küche wird gebacken, dafür muss man Nüsse hacken.
senkrecht halten und reiben	Dann wird das Mehl ganz fein gesiebt, was einen lock'ren Kuchen gibt.
ein Klangholz halten, mit dem anderen darüber reiben	Auch Schokolade wird gehobelt dass ihr dabei bloß nicht mogelt!
Klanghölzer an den Enden waagerecht aneinandertippen	Jetzt schlagen wir noch Eier auf,
Ein Klanghölzer senkrecht halten, mit dem anderen waagerecht drauf klopfen	Zucker kommt zum Schluss darauf.
Stille	Das Ganze in den Ofen rein, bald wird der Kuchen fertig sein!

Kuchen backen (ab 3 Jahren)

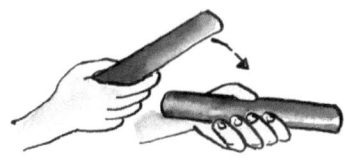

Heut wollen wir mit vielen Sachen
einen leck'ren Kuchen machen

Was gehört da wohl dazu?
Macht ein Rezept mit mir im Nu:

Lassen Sie die Kinder entscheiden, welche Zutaten in den Kuchen sollen. Der Phantasie sind keine Grenzen gesetzt und natürlich wird alles, was die Kinder nennen, auch wirklich in den Teig gegeben.

Klanghölzer entsprechend den Angaben der Kinder spielen

Das Ganze in den Ofen rein,
bald wird der Kuchen fertig sein!

Autofahrt

Material: rotes Tuch,
grünes Tuch

grünes Tuch schwenken,
Kinder summen in ihr Kazoo;
rotes Tuch schwenken,
Kazoos verstummen

Gibt die Ampel grünes Licht,
kann man fahr'n bei guter Sicht.

Doch wenn es die Ampel will,
halten alle Autos still.

Die Sonne

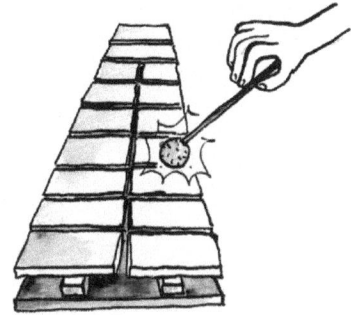

Morgens geht die Sonne auf,
bis Mittag steigt sie hoch hinauf.

Am Abend geht sie langsam unter
und morgens ist sie wieder munter.

Glockenspiel langsam hoch
spielen

Glockenspiel langsam runter
spielen

Die kleine Maus

Glockenspiel langsam aufwärts spielen	Langsam geht die kleine Maus die Treppe rauf in ihrem Haus.
langsam abwärts spielen	Jetzt geht sie sie auch wieder runter und dabei wird sie ziemlich munter.
schnell aufwärts spielen	Schneller rennt die kleine Maus die Treppe rauf in ihrem Haus.
schnell abwärts spielen	Sie rennt die Treppe wieder runter und bleibt auch dabei ganz schön munter.
mit dem Schlegel aufwärts gleiten	Jetzt flitzt die kleine Maus die Treppe rauf in ihrem Haus.
mit dem Schlegel abwärts gleiten	Sie flitzt die Treppe wieder runter und plötzlich ist sie nicht mehr munter.
Stille	Sie ist jetzt müde und legt sich nieder. Gehen, rennen, flitzen kann sie morgen wieder.

Tipp: Verkleiden Sie den Schlegel als Mauskopf

Frösche

Frösche sitzen auf dem See,　　　　　　　　　Stille
überall Frösche – wohin ich auch seh.

Sie geben ein Konzert in wenigen Tagen,　　　Frösche laut spielen
sie proben laut: ich höre sie quaken.

Wellenrauschen

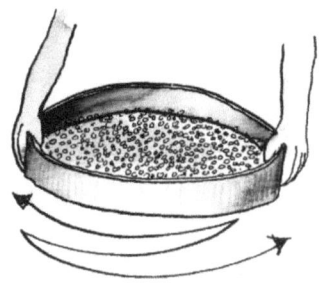

Wir wollen jetzt den Wellen lauschen –　　　Oceandrum leise spielen
hört ihr sie ganz leise rauschen?

Doch wenn sich ein Sturm zusammenbraut,　　Oceandrum laut spielen
dann tosen die Wellen richtig laut!

Das Trommeldar

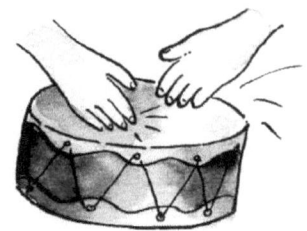

mit den Fingerkuppen über die Handtrommel tippen	Kennt ihr schon das Trommeldar? Was das ist, das ist doch klar!
die Handtrommel laut, leise,	Ein Tier mit Rhythmus in den Füßen, es kann euch laut und leis' begrüßen.
langsam, schnell spielen	Mal läuft es langsam, manchmal schnell, komm, streichel mal sein weiches Fell!

Die Geschichte kann auch in Bewegung umgesetzt werden. Dabei spielt ein Kind die Handtrommel (laut, leise, langsam, schnell) während alle anderen Kinder dazu im Raum umhergehen. Bei der letzten Zeile wählt der Handtrommelspieler das nächste Kind aus.

Für Kindergartenkinder kann die Handtrommel auch einen einfachen Rhythmus spielen, der von allen anderen Kindern stampfend umgesetzt wird.

Trommelzoo

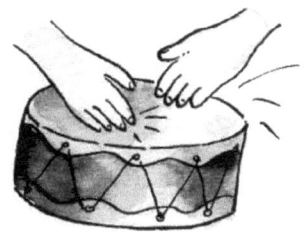

Viele Tiere groß und klein
woll'n auf meiner Trommel sein.

Ein Floh ist außer Rand und Band,　　　　　mit einem Finger über die
hüpft ziemlich wild durchs ganze Land.　　Handtrommel hüpfen

Eine Katze schleicht ums Eck,　　　　　　mit den Fingerkuppen
schwupps – schon ist sie wieder weg.　　darüber schleichen

Eine Schlange hört man leise　　　　　　mit der flachen Hand Kreis-
wie sie sich kringelt zu 'nem Kreise.　　bewegungen machen

Auch ein Bär tappt laut hinzu,　　　　　　mit der flachen Hand
doch ganz plötzlich gibt die Trommel Ruh.　patschen – Stille

Die Trommel gibt den Takt

Handtrommel langsam	Die Handtrommel fragt: „Was macht ihr grad'?
	Also ich – ich find's hier ganz schön fad!
	Ich weiß Besseres, als hier rum zu sitzen,
Handtrommel schnell	lasst uns durch den Raum hier flitzen!
	„Ich gebe euch den Takt dazu,
Tempo variieren	erst schlage ich und dann schlägst du!"

Die Trommel und der Regen

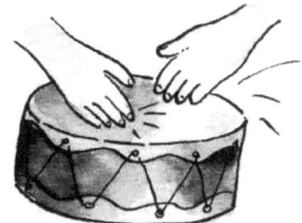

Pssst – seid mal still,
weil die Trommel euch was sagen will.

Ganz leise kann man auf ihr spielen,　　　　　　　leise mit den Fingerspitzen
es klingt wie Regentropfen, die ihr gefielen.　　den Rhythmus spielen
Bum bu di bum bu di bum bum bum.
Bum bu di bum bu di bum bum bum.

Die Regentropfen wurden immer mehr,　　　　　lauter mit der Handfläche
das gefiel der Trommel nicht so sehr.　　　　　 den Rhythmus spielen
Bum bu di bum bu di bum bum bum.
Bum bu di bum bu di bum bum bum.

Die Trommel konnte das nicht lang ertragen　　1x laut mit der flachen Hand
und musste einen lauten Donner schlagen.　　　auf die Handtrommel
　　　　　　　　　　　　　　　　　　　　　　　　　　schlagen

Der Regen fiel nun wieder leise,　　　　　　　　wieder leise mit den Finger-
die Trommel spielte ihre Weise.　　　　　　　　spitzen den Rhythmus spielen
Bum bu di bum bu di bum bum bum.
Bum bu di bum bu di bum bum bum.

Rhythmus: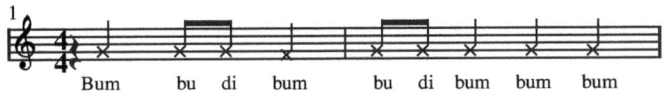

Echospiel der Spechte

Rhythmus vorgeben Ich seh einen Specht auf dem Baume hocken
und mit dem Schnabel an den Baumstamm tocken.

Rhythmus nachspielen Er wünscht seinem Freund einen schönen Tag
die Antwort kommt als Schnabelschlag.

Geben Sie einen Rhythmus vor, den die Kinder nachklopfen können, z. B.:

Klanggeschichten mit zwei oder drei Instrumenten

Laut und Leise

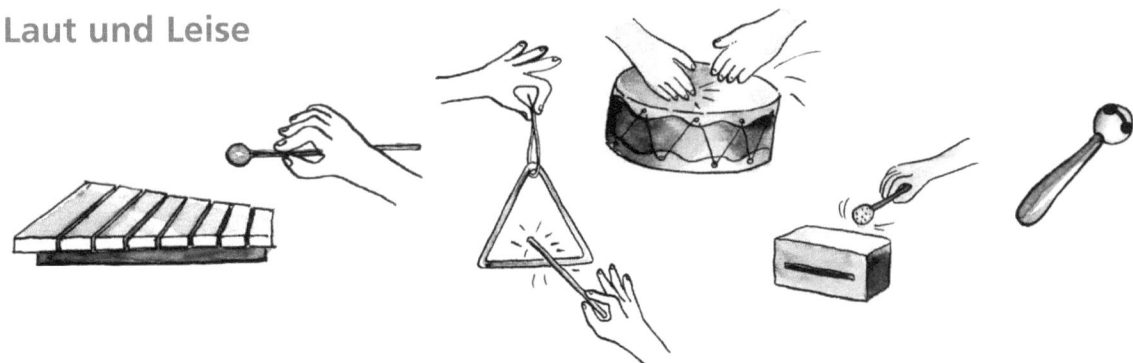

Sucht ein Instrument euch aus,
lockt laute Töne aus ihm raus.

Und nun spielt auf andre Weise
das Instrument auch einmal leise.

Spielweise wie im Text beschrieben

Diese kleinen Verse eignen sich auf Grund Ihrer Kürze besonders dazu, sie der eigentlichen Klanggeschichte voranzustellen. Hierbei können die Kinder ihrem ersten Spieldrang nachkommen und gleichzeitig die zur Verfügung stehenden Instrumente mit ihren unterschiedlichen Spielweisen praktisch erproben. Die oben aufgeführten Instrumente sollen den Kindern zur Auswahl bereitstehen. Sie können selbstverständlich auch eine andere Vorauswahl für die Gruppe treffen.

Floh und Schlange

Einzelne Klangstäbe anschlagen	Ein Floh hüpft auf dem Glockenspiel mal hier, mal da, ganz ohne Ziel.
Über die Klangstäbe gleiten	Doch auf einmal wird ihm bange, denn urplötzlich kommt 'ne Schlange.
Tiefsten und höchsten Ton anschlagen	Er macht mit einem riesen Satz lieber für die Schlange Platz.

Das Picknick*

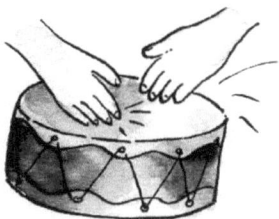  

Ein großer, schwerer Elefant
stampft langsam durch das weite Land.
Er hört etwas und schaut umher,
da fragt er laut: „Ist da noch wer?"

Ich bin's, antwortet eine kleine Maus,   Glöckchen
nicht weit von hier bin ich zu Haus.
Hast du nicht Lust mich zu besuchen,
wir trinken Milch und essen Kuchen.

Der Elefant schaut sie traurig an   Handtrommel
und meint: „Ich weiß nicht, ob ich kann.
Liebend gern käm ich zu dir,
doch passe ich nicht durch die Tür.

Da sagt die Maus zu ihm geschwind: Glöckchen
„Du bist zu groß, oh ja, das stimmt!
Den Kuchen bring ich gerne raus –
Wir essen einfach vor dem Haus."

So sitzen sie auf einer Decke,   Handtrommel und Glöckchen
im Wald bei einer Himbeerhecke.
Sie essen und trinken feine Sachen,
freuen sich und haben viel zu Lachen.

---

* aus: Singzwerge & Krabbelmäuse, Elke Gulden &
Bettina Scheer, Ökotopia-Verlag Münster 2004.

Die weggehexten Zeiger

Dem Glockenspiel-Kind den Schlegel in die Hand geben wenn vorhanden: die Uhr zeigen (s.Tipp)	Mit ihrem Zauberstab in der Hand, sieht Hexe Berta 'ne Uhr an der Wand. Aus Übermut – ihr werdet's nicht glauben – beschließt sie der Uhr die Zeiger zu rauben.
Klanghölzer schnell spielen Glockenspiel hinauf spielen und wieder hinunterrutschen	Zuerst den Zeiger für Sekunden, der dreht am schnellsten seine Runden: „Entenfedern, Krötenbein, Uhrenzeiger, du bist mein!"
Klanghölzer langsamer spielen Glockenspiel hinauf spielen und wieder hinunterrutschen	Jetzt den Zeiger für Minuten, der muss sich auch ganz schön sputen: „Entenfedern, Krötenbein, Uhrenzeiger, du bist mein!"
Klanghölzer ganz langsam spielen Glockenspiel hinauf spielen und wieder hinunterrutschen	Zuletzt den Zeiger für die Stunden, der dreht ganz langsam seine Runden: „Entenfedern, Krötenbein, Uhrenzeiger, du bist mein!"

Ganz still ist es jetzt hier, kein einzig' Ticken hören wir. Die Hexe denkt: „Wie spät ist es denn nur?" und wirft 'nen Blick auf ihre Uhr.	die Stille hören, diese so lange wie möglich halten
Doch hat die Hexe ganz vergessen, dass Zeiger ja die Uhrzeit messen. Die Zeiger müssen wieder dran, sie fängt sogleich zu hexen an:	mit der Hand gegen die Stirn patschen
Erst den Zeiger für die Stunden, der dreht ganz langsam seine Runden: „Entenfedern, Krötenbein, Uhrenzeiger, häng dich ein!"	Klanghölzer ganz langsam spielen Glockenspiel hinauf spielen und wieder hinunterrutschen
Jetzt den Zeiger für Minuten, der muss sich auch ganz schön sputen: „Entenfedern, Krötenbein, Uhrenzeiger, häng dich ein!"	Klanghölzer schneller spielen Glockenspiel hinauf spielen und wieder hinunterrutschen
Zuletzt den Zeiger für Sekunden, der dreht am schnellsten seine Runden: „Entenfedern, Krötenbein, Uhrenzeiger, häng dich ein!"	Klanghölzer ganz schnell spielen Glockenspiel hinauf spielen und wieder hinunterrutschen

Die Uhr zeigt wieder ihre Zeit,
der Schabernack ging doch zu weit.

Tipp:
Für die Kinder ist es schön, wenn die Geschichte von der Spielleiterin an einer Uhr mitgespielt wird. Dafür einen Kreis (ca.

25 cm Durchmesser) aus fester Pappe ausschneiden, anmalen und die Stundenzahlen darauf schreiben. Aus der Pappe die drei Zeiger ausschneiden, die optisch deutlich voneinander zu unterscheiden sind: Stundenzeiger: kurz und dick, Minutenzeiger: dünner und länger, Sekundenzeiger, am dünnsten und längsten. Diese an den Enden lochen. In die Mitte der Uhr einen kleinen Schnitt machen, sodass eine Musterbeutelklammer durchpasst. Auf diese werden der Stunden-, der Minuten- und der Sekundenzeiger gesteckt. Stabiler wird die Uhr, wenn sie anstelle von Pappe aus einem farbigen Plastikteller hergestellt wird. Dieser kann in der Mitte mit einem Akkubohrer schnell durchgebohrt werden, sodass die Musterbeutelklammer durchpasst.

Durch die Verwendung einer Musterbeutelklammer lassen sich die Zeiger entsprechend ihrem Tempo passend zur Geschichte sowohl mitdrehen als auch Ein- und Aushängen.

Von Eiern und Hasen

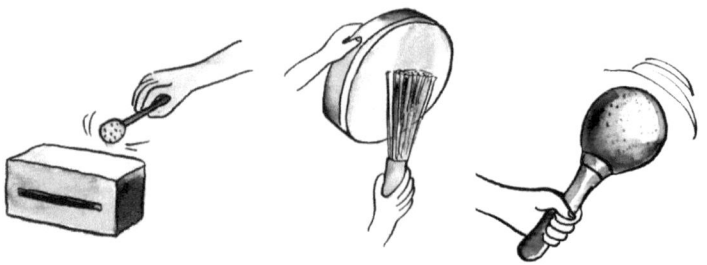

Holzblocktrommel   Vor Ostern hoppeln viele Hasen
auf dem saftig grünen Rasen.

Sie sind fleißig – keine Frage,
färben Eier dieser Tage.

Handtrommel mit Jazzbesen

Die Eier werden gut versteckt,
und doch von euch ganz schnell entdeckt.

Rassel

Küken schlüpfen

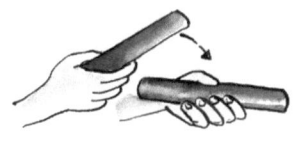  

Die Küken in den weißen Eiern
wollen heut Geburtstag feiern.

Klanghölzer langsam

Die Schnäbel nutzen sie zum Stechen
um die Schale zu zerbrechen.

Klanghölzer schnell

Tock tock tock tock, es reicht noch nicht
doch sehn sie bald schon erstes Licht.

Jetzt endlich bricht ein Ei entzwei,
ein erstes Küken ist schon frei.

Stielkastagnette
Glöckchen

Dann schlüpfen Küken überall,
das gibt ein Fest im Hühnerstall.

Stielkastagnette
Glöckchen

Zug der Tiere –
Eine Klanggeschichte zum Bewegen

Handtrommel	Übers große weite Land stampft ein dicker Elefant.
Handtrommel	Ein zweiter schließt sich hinten an, auch ein dritter folgt sodann.
Triangel oder Glöckchen	Was kommt da noch hinterdrein? Eine Maus – ganz klitzeklein!
Holzblocktrommeln	Und was springt dort auf dem Rasen? Ich glaub, das sind zwei nette Hasen.
	Sie sehen den andern Tieren nicht zu, sie laufen auch mit, ohne Rast und Ruh'.
Triangel oder Glöckchen	Die Maus läuft schnell und ist sehr klug, rennt flink vorbei und leitet den Zug.
	Dann drosselt sie das Tempo runter, im Zug bleiben dabei alle munter.

Klanggeschichten mit mehreren Instrumenten

Aprilwetter

 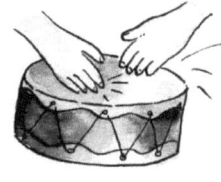  

Einmal im Jahr – im Monat April,
da macht das Wetter, was es will.

Die Sonne scheint vom Himmelszelt. Klangschale
Mmh, schön warm – wie uns das gefällt!

Doch kaum genießen wir die Hitze, Handtrommel, Triangel
hör'n wir Donner und sehen Blitze.

Regen fällt vom Himmel nieder, Handtrommel mit den Finger-
plötzlich scheint die Sonne wieder. kuppen spielen; Klangschale

Was passiert denn nun? Oh weh! Stille, die Finger zappelnd vor
Jetzt fällt ganz leise auch noch Schnee! dem Körper von oben nach
  unten bewegen

Kaum hat's zu schneien aufgehört,
wisst ihr, was uns schon wieder stört?

Holzblocktrommel	Der Hagel stört das schöne Spiel, das ist heut' wirklich etwas viel.
Klangschale	Doch bei uns'rem großen Glück kommt die Sonne bald zurück.
alle Instrumente	Sonne, Regen, Schnee und Hagel erlebt man – wenn's das Wetter mag nur im April an einem Tag.

Popcorn

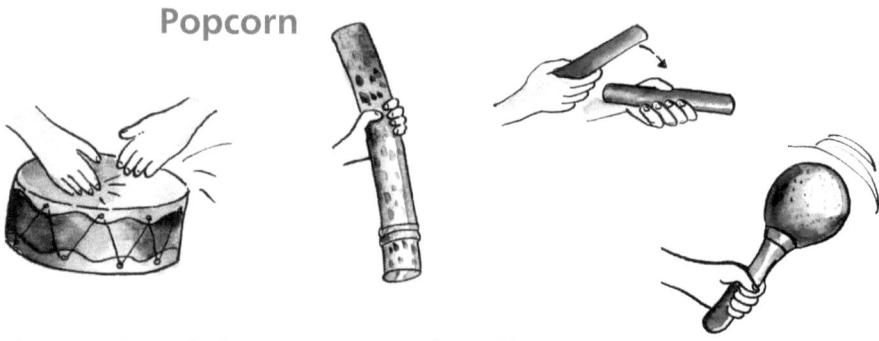

Handtrommel	Wir lassen es im Kochtopf krachen, kommt – wir wollen Popcorn machen.
Rainmaker über der Trommel	Wir geben erst das Öl hinein, dann kommt der Mais in Körnern rein.
Stille	Der Topf wird heiß, wir müssen warten bis die Körner mit dem Knallen starten.
Klanghölzer nacheinander	Ja, rührt sich hier denn keins? Da! – Da macht's „popp" und da auch noch eins!

Immer lauter knallen sie, immer schneller springen sie!	Klanghölzer gleichzeitig
Der Topf ist voll, das Knallen wird leise, wir würzen das Korn nun auf unsere Weise.	Klanghölzer nacheinander
Geben Zucker oder Salz dazu und genießen das Korn in aller Ruh!	Rassel über der Trommel

Das Party-Haus

Ist mein Haus erst mal allein, dann lädt es zu 'ner Party ein.	Stille
Dort wird gesungen und gelacht und auch noch Musik gemacht.	alle Instrumente
Die Türen knarren laut im Takt, die Tassen scheppern ganz exakt.	Reco-Guiro Schellenring
Die Heizung klopft in einem zu, das Besteck tanzt wild dazu.	Holzblocktrommel Triangel
Die Schuhe hält es nicht im Schrank, die Kissen auch nicht auf der Bank.	Klanghölzer Rassel

Stielkastagnette Xylophon, Metallophon und Glockenspiel	Die Stühle sind nur noch am Klappern und die Bücher nur am Plappern.
Schellenkranz alle Instrumente	In der Küche tanzt das Glas und alle haben ganz viel Spaß.
Rührtrommel Stille	Doch dreht der Schlüssel sich im Schloss herum, dann ist die Party sofort um.
	Ganz still ist es in meinem Haus, doch gehe ich bald wieder aus, denn ist mein Haus erst mal allein, dann lädt es zu 'ner Party ein…

Auf dem Bauernhof

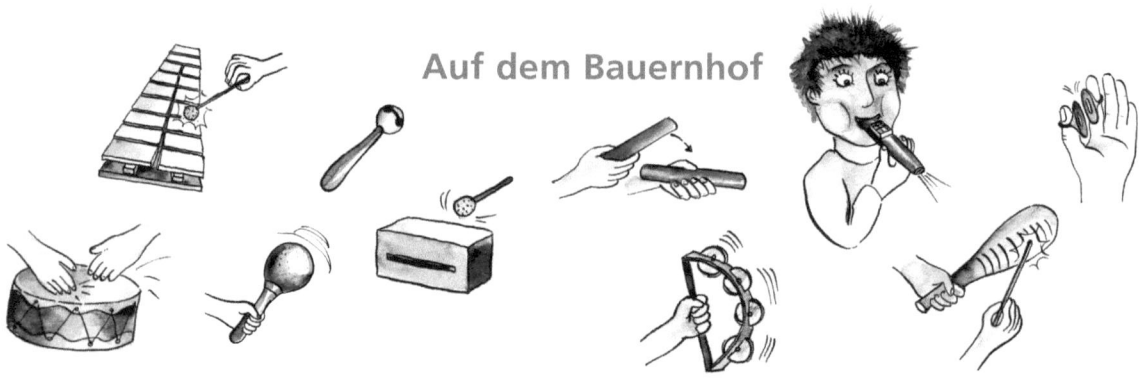

Glockenspiel gleitend Schellenkranz	Ein Schweinchen suhlt sich wild im Dreck, zwei Lämmchen laufen lieber weg.
Rassel Glöckchen oder Triangel	Die Gänse spielen schön im Stroh, darin tanzt auch ein kleiner Floh.

Ein Storch stolziert im Hof umher, die Hühner laufen hinterher.	Holzblocktrommel Klanghölzer
Die Kühe grasen auf der Weide, der Bauer erntet das Getreide.	Kuhglocke oder Handtrommel Kazoo
Das Fohlen scharrt mit seinen Hufen, die Katze sonnt sich auf den Stufen.	Reco-Guiro Fingercymbeln
Ein jeder macht heut' was er will, erst abends wird es wieder still.	alle Instrumente Stille

Bärenspaziergang – Klanggeschichte auch zum Bewegen

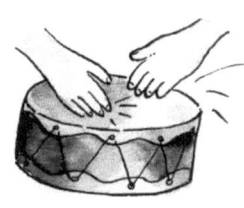   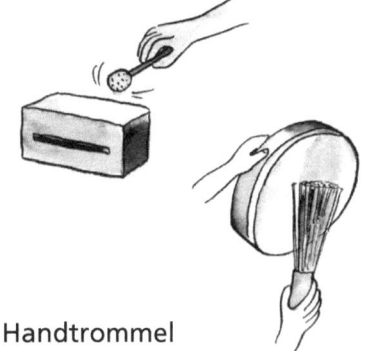

Ein brauner Bär stapft durch den Wald, er macht vor einem Felsen Halt.	Handtrommel
Ein Mäuschen kommt aus seinem Eck und läuft flink vor dem Bären weg.	Glöckchen

Handtrommel	Der Bär stapft weiter zu 'nem Teich, der grüne Frosch wird kreidebleich.
Klangfrosch oder Reco-Guiro	Er quakt ganz laut: „Der Bär, oh nein!" und springt schnell in das Wasser rein.
Handtrommel	Der Bär stapft weiter durch das Gras. Da begegnet ihm ein kleiner Has.
Holzblocktrommel	Dieser kriegt 'nen großen Schreck und hoppelt vor dem Bären weg.
Handtrommel	Der Bär denkt: „Warum mag mich keiner? – Wär' ich doch nur ein wenig kleiner!"
Handtrommel	„Ich frag den Fuchs in seinem Bau, denn der gilt als besonders schlau."
Handtrommel	Er läuft schnell zu dem Fuchsbau hin. Dort sitzen alle Tiere drin.
Handtrommel mit Jazzbesen	Der Fuchs lädt ihn zu sich herein, und sagt: „Kommt, lasst uns Freunde sein."
alle Instrumente	Alle lachen vor Entzücken als sie nah zusammenrücken.

Überhebliche Handtrommeln

Zwei Handtrommeln spielen schön zusammen mal Verstecken und mal Fangen.	Handtrommeln
Da kommt ein Glockenspiel vorbei und sieht die tolle Spielerei. Es fragt ganz höflich und sehr nett: „Kann ich mitspielen in eurem Duett?"	Glockenspiel
Die Handtrommeln sehen sich kurz an: „Ganz bestimmt nicht – Mann oh Mann! Dich können wir hier nicht gebrauchen!", hört man sie eingebildet fauchen. „Du bist nicht mal aus Holz gebaut!", sie drehn sich um und lachen laut.	Handtrommeln
Das Glockenspiel zieht traurig weiter, die Handtrommeln sind fröhlich und heiter.	Glockenspiel Handtrommeln
Da kommt 'ne Rührtrommel vorbei und sieht die tolle Spielerei. Sie fragt ganz höflich und sehr nett: „Kann ich mitspielen in eurem Duett?"	Rührtrommel

Handtrommeln	Die Handtrommeln sehen sich kurz an: „Ganz bestimmt nicht – Mann oh Mann! Dich können wir hier nicht gebrauchen!", hört man sie eingebildet fauchen. „Dich kann man ja nicht einmal schlagen, Wir wollen uns mit dir nicht plagen!"
Rührtrommel Handtrommeln	Die Rührtrommel zieht traurig weiter, die Handtrommeln sind fröhlich und heiter.
Schellenkranz	Da kommt ein Schellenkranz vorbei und sieht die tolle Spielerei. Er fragt ganz höflich und sehr nett: „Kann ich mitspielen in eurem Duett?"
Handtrommeln	Die Handtrommeln sehen sich kurz an: „Ganz bestimmt nicht – Mann oh Mann! Dich können wir hier nicht gebrauchen!", hört man sie eingebildet fauchen. „Du hast ja nicht einmal ein Fell, zieh Leine und verschwinde schnell!"
Rührtrommel und Schellenkranz Glockenspiel	Die furchtbar grobe Arroganz ärgern Rührtrommel und Schellenkranz. „Eingebildet sind die wirklich viel, wir spielen mit dem Glockenspiel:"
alle drei	Sie vergnügen sich im Gras und haben dabei sehr viel Spaß.

Die Handtrommeln hör'n das frohe Lachen und schauen, was die andern machen. Denn spielt man immer nur zu zweit vergeht der Spaß so mit der Zeit.	Handtrommeln langsam und leise, die anderen laut und schnell
Sie fragen höflich und sehr nett: „Könn' wir mitspielen in eurem Terzett?"	Handtrommeln
Der Schellenkranz meint: „Euch kann man nicht mal rütteln, ihr klingt auch nicht beim Schütteln!"	Schellenkranz
Das Glockenspiel sagt: „Ihr seid nicht aus Metall, Fell und Holz gibt's überall!"	Glockenspiel
Die Rührtrommel spricht: „Was habt ihr für Allüren? Euch kann man nicht mal rühren!"	Rührtrommel
Verlegen stehn sie vor den drein und sehn ihr Fehlverhalten ein.	Handtrommeln langsam und leise
„Könnt ihr uns denn noch mal verzeihn? Kommt lasst uns wieder Freunde sein. Vergessen wir den blöden Streit, wir tun's nicht mehr, es tut uns leid."	
Sie sagen dies total beklommen, die Entschuldigung wird angenommen.	

alle So spielen jetzt alle zusammen,
mal Verstecken und mal Fangen.

Diese Geschichte bietet sich als Gesprächsanlass zum Thema „Anders sein" an. Darüber hinaus enthält sie das Potenzial, gemeinsam zu überlegen, dass zwar jeder anders und damit ein Individuum ist, auf der anderen Seite aber auch alle Gemeinsamkeiten haben.

Ein Konzert

Wisst ihr, was die Instrumente vorhaben?
Dann schaut in den Orchestergraben.
Ein jedes probiert zunächst allein
und spielt sich somit erst mal ein.

Glöckchen Das Glöckchen fängt zu klingen an,
Reco-Guiro danach ist dann das Reco-Guiro dran.
Glockenspiel Das Glockenspiel spielt rauf und runter,
Triangel die Triangel tönt ganz schön munter.

Der Rainmaker lässt's für uns regnen,	Rainmaker
wo's quakt, kann man dem Frosch begegnen.	Klangfrosch
Die Handtrommel trifft den Ton exakt,	Handtrommel
die Rasseln suchen noch den Takt.	Rasseln
Sie üben für's große Konzert,	alle Instrumente
die Türen werden aufgesperrt.	Rührtrommel
Das Publikum strömt jetzt herbei	Schellenring
und bald verstummt die Quasselei.	Stille
Das Glockenspiel beginnt 'ne Weise,	Glockenspiel beginnt
nimmt alle mit auf seine Reise.	
Die Handtrommel schlägt im Takt dazu,	Handtrommel fällt ein
die Rasseln geben keine Ruh.	Rassel fällt ein
Die Triangel hört man ganz hell,	Triangel fällt ein
das Reco-Guiro surrt dazu ganz schnell.	Reco-Guiro fällt ein
Der Rainmaker spielt unverzagt,	Rainmaker fällt ein
das Glöckchen tönt, der Frosch, der quakt.	Glöckchen und Klangfrosch fallen ein
Alles spielt mal laut, mal leise,	alle spielen
still wird's am Ende von der Reise.	Stille
Die Instrumente haben es gemeistert,	
das Publikum ist ganz begeistert.	Applaus, Schellenring

Während der Probe spielen alle Instrumente einzeln nacheinander, beim Konzert hingegen spielen die Instrumente gleichzeitig und stimmen nur nacheinander ein. Dementsprechend muss jedes Kind ein Spielweise wählen, bei der es nicht alle anderen Instrumente überstimmt.

Eine Bewegungsklanggeschichte

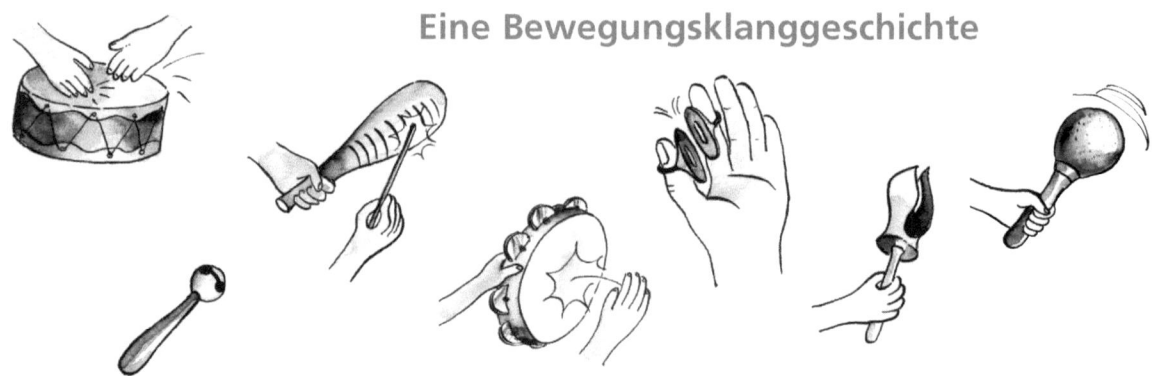

Handtrommel	Die Trommel geht im Kreis umher, zum Laufschritt schlagen ist nicht schwer.
Glöckchen	Doch plötzlich hört von weitem man, ein Glöckchen, das hell klingen kann.
Reco-Guiro	Gemeinsam schreiten sie voran, da schließt sich noch ein Reco-Guiro an.
Schellentambourin	Ein Tambourin hat zugesehn und möchte gerne auch mitgehn.
Fingercymbeln	Nun kommen auch die Cymbeln mit, und spielen zu dem neuen Hit.
Stielkastagnetten	Auch Kastagnetten sind dabei, sie klappern einfach nebenbei.
Rasseln	Rasseln haben sich dazu gesellt, so geht der Takt nun um die Welt.

Erzählte Klanggeschichten

Von Weihnachtsmann und Weihnachtswichteln

Sonne	Klangschale
Weihnachtsmann	Handtrommel mit Schlegel
Weihnachtswichtel	Glockenspiel
Schneiderwichtel	Wooden Agogo oder Reco-Guiro
Schreinerwichtel	Klanghölzer
Zug	Train Whistle oder Mundgeräusche
Feinmechanikerwichtel	Metallophon oder Triangel
Auto	Kazoo
Bäckerwichtel	Rührtrommel
Mehl und Zucker	Cabasa, Rainmaker
Eier aufschlagen	Stielkastagnette
Vanillezucker, Orangeat	Rassel
Aufräumklingel	Chime oder Metallklangstab oder Triangel
Aufräumwichtel	Handtrommel mit Jazzbesen oder mit der Hand reibend
Rentiere	Holzblocktrommel
Schlittenfahrt des Weihnachtsmanns	Schlittengeläut oder Glöckchen

Die Geschichte kann leicht der Anzahl der spielenden Kinder angepasst werden, indem bei mehr Kindern, die Wichtel mehrfach besetzt werden und bei weniger Kindern einige Rollen beim Erzählen weggelassen werden.

In einem weit entfernten Tal, niemand weiß so ganz genau, wo es liegt, wohnt der Weihnachtsmann mit seinen Weihnachtswichteln. Und jedes Jahr passiert dort im Weihnachtstal das gleiche. Am 25. Dezember legen sich die Weihnachtswichtel in ihre Bettchen. Auch der Weihnachtsmann legt sich in sein großes Bett. Alle sind so müde vom vielen Weihnachtsgeschenkebasteln für all die vielen Kinder auf der Welt, dass sie erst einmal schlafen müssen. Hört ihr sie schnarchen?

alle Kinder legen sich hin

alle Kinder gähnen

alle Kinder schnarchen

Und sie schlafen immer bis zum Frühlingsanfang am 21. März. Jedes Jahr! Und am 21. März weckt die Frühlingssonne den Weihnachtsmann mit ihren Sonnenstrahlen. Wenn ihre Strahlen ihn an der Nase kitzeln, steht der Weihnachtsmann auf. Er kommt in den Schlafsaal seiner Weihnachtswichtel und ruft: „Wich-tel!, Wich-tel!" und die Wichtel recken sich und strecken sich. Dann springen sie aber schnell aus den Bettchen, denn sie wissen, es gibt wieder viel zu tun. Es ist aber nicht so, dass jeder Wichtel alles macht. Nein, nein, jeder Wichtel hat seine eigene Aufgabe und gemeinsam erfüllen sie die unterschiedlichen Wünsche der vielen Kinder. Da gibt es Schneiderwichtel, denn die Kinder wünschen sich schließlich Kleider für ihre Puppen und Teddybären. In der Wichtelschneiderei wird geschnitten und genäht. Könnt ihr ihre Nähmaschinen hören?

Klangschale

Handtrommel

Rufterz: Wich–tel

Wichtel setzen sich auf

Glockenspiel einzeln anschlagen

übers Glockenspiel gleiten

Dann gibt es noch die Schreinerwichtel, die die ganzen Holzspielsachen herstellen. Sie hämmern und sägen, hobeln und bohren den ganzen Tag. Sie bauen auch diese tollen Holzeisenbahnen. Wollen wir mal hören, ob sie auch richtig fahren können? Wow!	Klanghölzer schlagen, reiben, hobeln und bohren Train Whistle
Ja, und Autos wünschen sich die Kinder auch jedes Jahr. Diese werden von den Feinmechanikerwichteln zusammengeschraubt. Bestimmt können die Autos auch fahren. Hört mal her! Na, der Motor läuft noch nicht ganz rund. Ich glaube, hier müssen die Wichtel noch mal nachschrauben. So – jetzt lassen wir das Auto noch mal fahren: Ja, das klingt schon viel besser.	Metallophon Kazoo Metallophon Kazoo
Natürlich sind auch die Bäckerwichtel in der Weihnachtsküche ganz schön fleißig. Sie backen Plätzchen von früh bis spät und bereiten die leckere Weihnachtsschokolade zu. Sie haben einen riesengroßen Topf, voll mit Milch und Kakao, in dem sie die Weihnachtsschokolade anrühren. Zuerst geben sie Mehl und Zucker hinein. Eier dürfen natürlich auch nicht fehlen und ein bisschen Vanillezucker und Orangeat kommen auch dazu. Die Bäckerwichtel rühren und rühren von früh bis spät. Probiert mal – lecker nicht? Hmmmm! Vielleicht noch ein kleines bisschen Zucker?	Rührtrommel Cabasa, Rainmaker Stielkastagnette Rassel Rainmaker
So hört man überall wie die Weihnachtswichtel arbeiten. Ganz schön laut, nicht? Und was macht der Weihnachtsmann? Der geht die ganze Zeit langsam von Wichtelgruppe zu Wichtelgruppe und beobachtet, ob die Wichtel auch alles richtig machen und passt beson-	alle Instrumente Handtrommel

Chime oder Triangel	ders gut auf, dass kein Kinderwunsch vergessen wird. Manchmal gibt er auch ein Aufräumzeichen, wenn er findet, dass auf dem Boden allzu viele Holzspäne, Stoffreste und Schrauben herumliegen. Dann kommen die Aufräumwichtel und kehren schnell alles auf.
Handtrommel mit Jazzbesen	
Holzblocktrommel Handtrommel mit Jazzbesen Schlittengeläut	Sind am 24. Dezember alle Spielsachen fertig, dann wird in der Früh alles eingepackt und auf den großen Schlitten geladen. Die Rentiere werden aus dem Stall geholt und der Weihnachtsmann fährt höchstpersönlich alle Geschenke zu den Kindern. Wenn er zurück ist, erzählt er seinen Weihnachtswichteln, wie sehr sich die Kinder über ihre Geschenke gefreut haben.
alle Instrumente alle Kinder legen sich hin alle Kinder schnarchen Klangschale Rufterz: Wich–tel	Anschließend feiern sie alle selbst noch ein bisschen und legen sich dann wieder schlafen. Bis zum 21. März. Hört ihr, wie sie wieder schnarchen? Und dann, am 21. März weckt die Sonne den Weihnachtsmann, der gleich in den Schlafsaal seiner Wichtel läuft und ruft: „Wich-tel! Auf-stehn!"

Die kleine Hexe hat Geburtstag

5 Jahre	Traingel
Zucker	Rainmaker oder Rassel
Eier aufschlagen	Stielkastagnette
Rühren	Rührtrommel
Hermine läuft	Klanghölzer
Türklingel	Glockenspiel
sich wundern	Xylophon
Mehl	Cabasa oder Rassel
Backofentür	Reco-Guiro
Geburtstagstisch decken	Tambourin
Wohnung aufräumen	Handtrommel mit Jazzbesen oder mit der Hand reibend
Geschenkpapier aufreißen	Wooden Agogo

Heute ist der *22. Juli* und wisst ihr, was heute für ein Tag ist? Es ist der Geburtstag von Hermine! Hermine ist eine kleine Hexe und sie wird heute 5 Jahre alt. Und natürlich hat Hermine ihre Freundinnen zu einer Hexengeburtstagsparty eingeladen. Und natürlich will Hermine ihren Freundinnen eine richtige Hexentorte anbieten. Das Problem ist nur, dass Hermines Zauberkraft an ihrem 5. Geburtstag nicht funktioniert. Wann immer Hexen Geburtstag haben, können sie nicht zaubern. Hermine weiß das eigentlich, aber sie hat am Tag zuvor einfach nicht daran gedacht. Nun muss sie

Triangel 5x schlagen

Triangel 5x schlagen

Rührtrommel	irgendwie eine Torte backen. Sie holt eine Schüssel und überlegt, was sie dazu alles braucht. Zuerst gibt Hermine jede Menge Zucker in die Schüssel. Danach schlägt sie vier Eier auf. Jetzt wird erst mal gerührt, so dass sich Zucker und Eier gut vermischen. So, und jetzt kommt das Mehl in die Schüssel. Mehl! Oh Schreck! Sie sucht überall, aber Mehl hat sie vergessen zu kaufen. Auch das noch! Jetzt muss sie noch einmal los zum Einkaufen.
Rainmaker	
Stielkastagnette	
Rührtrommel	
Klanghölzer schnell	Zuerst rennt sie ganz schnell, aber nach einer Weile ist sie völlig außer Puste. Sie bleibt stehen und muss erst einmal kräftig verschnaufen. Hört ihr sie atmen? Ja, und dann geht sie ein bisschen langsamer weiter. Endlich ist sie am Einkaufsladen angekommen. Sie öffnet die Türe und hört die Türklingel. „Guten Tag!", sagt Hermine „Ich brauche ganz dringend Mehl."
alle Kinder schnaufen	
Klanghölzer langsam	
Glockenspiel von unten nach oben rutschen	
Xylophon gleitend	
	Der Verkäufer wundert sich ein bisschen, denn er ist es nicht gewohnt, dass Hexen persönlich bei ihm im Laden einkaufen. Normalerweise bedienen sie sich seines Hexenservices. Hermine erklärt, dass sie heute Geburtstag hat und 5 Jahre alt wird und deshalb selbst kommen muss. Jetzt versteht der Verkäufer. Er gibt Hermine das Mehl und weil Hermine ja Geburtstag hat, gibt er ihr noch ein Geburtstagsgeschenk. Sie bedankt sich und verlässt den Laden. Wieder ertönt die Türklingel.
Triangel 5x anschlagen	
Glockenspiel von oben nach unten	
Klanghölzer schnell, Cabasa, Rührtrommel, Reco-Guiro	Schnell läuft Hermine nach Hause. Sie gibt das Mehl in die Schüssel, verrührt alles, öffnet den Backofen und schiebt den Kuchen hinein. Natürlich schließt sie danach die Backofentür wieder.
Reco-Guiro	
Tambourin	Jetzt deckt sie den Hexengeburtstagstisch, zieht ihr Hexengeburtstagskleid an und beginnt noch schnell die Wohnung aufzuräumen. Plötzlich hebt sie verwundert
Handtrommel mit Besen	
Xylophon gleitend	

den Kopf. „Was riecht denn hier so komisch", fragt sich Hermine und da fällt ihr ihre Hexengeburtstagstorte wieder ein. Sie hat völlig den Kuchen im Backofen vergessen. Sie rennt zum Backofen, öffnet die Tür und … Was sie sieht ist einfach schrecklich. Der Kuchen ist total verbrannt! Er ist nicht mehr zu retten. Und das an ihrem 5. Geburtstag. Hermine setzt sich traurig an ihren Küchentisch. Da fällt ihr Blick auf das Geschenk von dem Lebensmittelladenbesitzer. Sie hatte es noch gar nicht geöffnet. „Na ja", denkt sich Hermine, „vielleicht heitert mich das ein bisschen auf." Sie reißt die Verpackung vom Geschenk. Ja und was glaubt ihr, hat ihr der nette Verkäufer geschenkt? Genau – eine richtige Hexengeburtstagstorte. Sogar fünf Kerzen waren darauf befestigt. Sie zündet eine nach der anderen an und schon kommen ihre Freunde. Hermine packt zuerst alle mitgebrachten Geschenke aus und dann essen alle die Torte, die einfach wunderbar schmeckt. Erst schmeckt sie nur nach Schokolade, aber lässt man sie langsam im Mund zergehen, dann fängt es auf der Zunge an zu knistern. Es ist wirklich eine richtige Hexengeburtstagstorte. Und natürlich gibt es nach der Torte eine richtige Hexengeburtstagsparty, auf der ganz laut gefeiert wird.

Kinder schnuppern	
Klanghölzer schnell Reco-Guiro	
Triangel 5x leise anschlagen	
Wooden Agogo	
Triangel 5x laut anschlagen	
Wooden Agogo	
alle Instrumente	

Tipp: Im Handel gibt es immer häufiger Schokolade mit bestimmten Effekten oder besonderen Geschmacksrichtungen. Die Kinder freuen sich bestimmt, wenn sie am Ende ebenfalls ein Stück von Hermines Torte probieren dürfen.

Sternenhimmel

Mond	Metallophon oder Cabasa
Träne	Triangel
Wolken	Handtrommel mit Jazzbesen oder mit der Hand reibend
Reise	Glockenspiel
Zeit	Rührtrommel
Sonne	Xylophon oder Klangschale
5 Nächte,	
dunkel	1 tiefer Klangstab
hell	1 hoher Klangstab
Idee	Klangschale
Sterne	Glöckchen

Metallophon gleitend	Eines Tages war der Mond sehr, sehr traurig. Als gerade wieder eine dicke Träne über die Wange des Mondes kullerte, zog eine kleine weiße Wolke vorüber. Sie blieb stehen und fragte: „Lieber Mond, warum weinst du?" Und da erzählte ihr der Mond von seinem einzigen Wunsch, den er im Leben hatte. Er wollte die Sonne sehen! Immer hörte er die Wolken erzählen, wie schön die Sonne sei, aber er hatte die Sonne noch nie getroffen. Und er wollte sie so gerne kennen lernen. Schon oft hatte der Mond versucht, die Sonne am Tage zu finden. Aber immer musste er frühzeitig umkehren, um des Nachts wieder an seinem Himmelsplatz zu stehen. Schließlich musste er am Himmel leuchten, wenn es
Triangel	
Handtrommel mit Jazzbesen	
Metallophon leise	
Glockenspiel nach oben spielen	
Glockenspiel nach unten spielen	
Metallophon	

74

nachts dunkel war. Er sagte zu der Wolke: „Heute ist nun der 21. Juni gewesen, der längste Tag im Jahr. Und wieder habe ich es nicht bis zur Sonne geschafft. Ich werde sie nie treffen!" Eine weitere dicke Träne rann über seine Wange. Die Wolke verstand seine Traurigkeit, aber sie wusste nicht, wie sie ihm helfen sollte. Sie nahm ihn fest in den Arm, aber dann musste sie weiterziehen.

	Triangel
	Handtrommel mit Jazzbesen
	Triangel
	Handtrommel mit Jazzbesen

Als der Mond das nächste Mal Geburtstag hatte, beschlossen die Wolken, ihm seinen Herzenswunsch zu erfüllen. Die kleine Wolke, die ihn neulich getröstet hatte, sagte zu ihm: „Lieber Mond, wir schenken dir eine Woche Zeit, um die Sonne zu besuchen. Wir werden des Nachts am Himmel stehen und niemand auf der Erde wird merken, dass du gar nicht an deinem Platz stehst und leuchtest. Alle werden denken, sie können dich nicht sehen, weil wir Wolken dein Licht verdecken." Der Mond strahlte vor Freude. Dann verrieten die Wolken ihm noch den kürzesten Weg zur Sonne und der Mond machte sich freudestrahlend auf den Weg.

	Handtrommel mit Jazzbesen, leise während Wolke spricht
	Rührtrommel
	Metallophon
	Handtrommel mit Jazzbesen
	Glockenspiel nach oben spielen (Töne einzeln)

Auch die Sonne wollte schon immer gerne den Mond treffen. Sie hatte sich schon öfter nachts auf den Weg gemacht, um ihn zu finden. Aber leider musste auch sie immer frühzeitig umkehren, denn ihre Zeit hat ebenfalls nie gereicht um zum Mond zu gelangen. Schließlich musste sie jeden Morgen wieder pünktlich im Osten aufgehen. Ihr könnt euch vorstellen, wie sehr sich die Sonne über den Besuch des Mondes freute. Sie hatten fünf Nächte Zeit, sich ihre Erlebnisse zu erzählen,

	Xylophon
	Glockenspiel nach unten spielen (Töne einzeln anschlagen)
	Xylophon
	Glockenspiel nach oben spielen
	Rührtrommel

Xylophon, Metallophon	denn tagsüber musste die Sonne auf die Erde scheinen. Die Sonne berichtete vom Tag und der Mond erzählte von der Nacht. Doch natürlich kam der Zeitpunkt, an dem der Mond seine Heimreise antreten musste. Beide waren sehr, sehr traurig und jeder vergoss ein paar dicke
Triangel	Tränen. Sie wussten ja, dass sie sich für eine lange Zeit nicht wieder sehen würden.
Metallophon	Der Mond sagte: „Liebe Sonne, es war schön bei dir. Wie gerne würde ich noch bleiben. Bei dir ist es immer
hoher Klangstab	schön hell. Du kannst die Kinder unten auf der Erde spielen sehen. Du hast es so viel besser als ich. Bei mir ist
tiefer Klangstab	es immer dunkel und ich kann überhaupt nichts sehen."
Xylophon	Da hatte die Sonne eine Idee: „Lieber Mond", sagte sie,
Klangschale	„nimm ein paar meiner Lichtfunken mit. Ich schenke sie dir. Dann bist du nie mehr alleine und du kannst die Kinder abends in ihren Bettchen schlafen und träumen sehen." So kam es, dass der Mond mit einem großen Sack
Glockenspiel nach unten spielen (Töne einzeln)	Lichtfunken auf dem Rücken seine Heimreise antrat.
Glöckchen	Zu Hause angekommen, ließ der Mond alle Lichtfunken der Sonne aus dem Sack und jetzt könnt ihr sie jeden Abend am Himmel als Sterne bewundern. Schaut und hört einmal, wie schön sie glitzern.
leise hintereinander: Metallophon, Glöckchen, Handtrommel gestrichen, Xylophon	Und könnt ihr eines Nachts weder den Mond noch die Sterne sehen, weil die Wolken den Himmel bedecken, dann könnte es sein, dass der Mond und die vielen Sterne wieder einmal die Sonne besuchen.

Der kleine Pirat

Meer	Oceandrum
Der kleine Pirat	Klanghölzer
erwachsene Piraten	tief klingende Instrumente, bspw. tiefe Klangstäbe
Papagei	Schellenkranz
springen	Holzblocktrommel
Fiete	tiefer Klangstab
Holz knarrt	Wooden Agogo oder Reco-Guiro
graben	Handtrommel mit Schlegel und mit Besen oder mit der Hand reibend
auf die Schatzkiste	Triangel oder
treffen	Fingercymbeln

Tipp: 1. Das Grabgeräusch kann von zwei Kindern umgesetzt werden: Ein Kind schlägt 1x mit dem Schlegel auf die Trommel, das zweite Kind wischt mit dem Jazzbesen darüber. Dies einige Male wiederholen.
2. Teilen Sie zum Abschluss Muggelsteine als Edelsteine aus.

Es war einmal ein kleiner Pirat, der lebte auf einem großen Schiff auf dem weiten Meer. Das Meer konnte er immer hören, egal was er gerade auf dem Schiff machte. Manchmal war es sehr ruhig und die Wellen rauschten nur leise, aber manchmal war das Meer auch sehr rau. Die Wellen peitschten gegen das Schiff und es war so laut, dass sich der kleine Pirat die Ohren zuhalten musste. Heute allerdings war das Meer sehr ruhig.	**Klanghölzer** **Oceandrum** **leise spielen** **laut spielen** **wieder leise spielen**

Klanghölzer tiefe Klangstäbe	Natürlich lebte der kleine Pirat nicht alleine auf dem großen Schiff. Es gab dort noch ganz viele Piraten, aber die waren alle schon erwachsen und nahmen ihn nicht richtig ernst. Für sie war der kleine Pirat einfach nur ein Kind, das noch gar keine richtige Ahnung vom Piratenleben hatte. Der kleine Pirat aber hatte einen Freund. Ohne diesen Freund ging er nirgendwo hin. Sicherlich könnt ihr euch denken, wer das war? Richtig: ein toller, bunter Papagei, der ihm oft auf der Schulter saß. Der Vogel hörte auf den Namen „Pepe" und gleich, wenn der kleine Pirat morgens aufwachte, rief er nach ihm: „Pe-pe!". Nanu, hört er heute nicht richtig? Helft einmal, ihn zu rufen: „Pe-pe!" Ah, da kommt er! Pepe ist ein höflicher Papagei und sagt gleich: „Guten Morgen!"
Klanghölzer	
Schellenkranz	
Rufterz Rufterz, Schellenkranz mit „Papageienstimme" antworten	
Holzblocktrommel 1x Klanghölzer Holzblocktr., Oceandrum Holzblocktrommel 1x Schellenkranz Klanghölzer schnell	Der kleine Pirat sah sich erstaunt um. Das Schiff segelte ja gar nicht mehr. Er sprang auf und lief zur Brüstung. Jetzt konnte er sehen, dass sie vor einer Insel lagerten. Alle Piraten sprangen von Bord und schwammen an Land. Unser kleiner Pirat sprang hinterher. Natürlich kam Pepe auf seiner Schulter mit. Er lief zu seinen Freunden und fragte neugierig: „Was habt ihr vor?" Fiete, ein riesengroßer Pirat mit dickem Bauch, sagte mit tiefer Stimme: „Wir suchen den Schatz, den die Tipitupis vor vielen Jahren hier vergraben haben. Aber dabei können wir dich halbe Portion nicht brauchen. Bleib hier bis wir zurück sind!"
1 tiefer Klangstab	
Rufterz	„Gemein!", dachte der kleine Pirat. Dann rief er: „Pe-pe!" Er dachte ja gar nicht daran, einfach hier sitzen zu bleiben. Er lief am Strand entlang. Da sah er auf einmal ein paar große Eichenfässer am Strand liegen. Sie waren
Klanghölzer	

schon ganz schön alt. Das Holz knarrte, als er versuchte, die Fässer zu öffnen. Er öffnete das erste Fass – es war leer. Er öffnete das zweite Fass – es war ebenfalls leer. Er öffnete langsam das dritte Fass und dort wo das Holz am lautesten knarrte, dort fand er ein Stück Papier. Und auf dem Papier war ein Plan eingezeichnet; es sah aus wie eine richtige Schatzkarte. Wenn er die Zeichen richtig deutete, handelte es sich um eine Stelle unter der Baumgruppe dort hinten. Schnell lief er hin und fing an zu graben.

Puuh, ganz schön anstrengend! Huch, – was war das denn? Ein heller Klang war zu hören. Es hörte sich an, als ob seine Schaufel auf Metall getroffen wäre. Er klopfte noch einmal und sah hinab. Tatsächlich, da war die Schatzkiste! Sie war so schwer, dass er sie nicht heben konnte, aber er konnte sie aufmachen und da glänzten ihm Goldketten und Edelsteine entgegen. Pepe flatterte mit seinen Flügeln und rief die ganze Zeit: „Hurra! Hurra! Ein Schatz!" Die großen Piraten staunten natürlich nicht schlecht, als sie von ihrer erfolglosen Suche zurückkamen. Sie brachten den Schatz auf ihr Schiff und feierten ein großes Piratenfest am Abend.

Von da an war der kleine Pirat natürlich kein kleiner Pirat mehr, sondern auch ein großer Pirat wie die anderen Piraten auf dem Schiff. Und damit ihr mir glaubt, dass es den kleinen Piraten und den Schatz wirklich gegeben hat, habe ich jedem von euch einen kleinen Edelstein aus der Schatzkiste mitgebracht.

Wooden Agogo
Wooden Agogo
Wooden Agogo
ganz langsam

Klanghölzer

Handtrommel
schlagend + reibend
schnaufen, Triangel
Triangel

Wooden Agogo
Triangel, Schellenkranz

tiefe Klangstäbe

alle Instrumente

Der fliegende Teppich

Klapperschlange	Stielkastagnette
Teppich auf- und zurollen, starten, landen	Xylophon
um den Teppich herumlaufen	Rührtrommel
Teppich betreten, hinsetzen	Triangel
Teppich fliegt in der Luft	Glockenspiel
Flusswasser	Shekere oder Rassel
kleines Vögelchen	Glöckchen
Vogelschwarm	Schellenkranz
kleines Kätzchen	Handtrommel mit Besen oder mit der Hand reibend
klettern	Handtrommel mit Fingerspitzen
Gewitterwolken	Handtrommel

Stielkastagnette

Xylophon gleitend von unten nach oben

Nach einer aufregenden Geburtstagsfeier war Aliba endlich alleine. Er betrachtete seine Geschenke und schüttelte den Kopf über das seltsame Geschenk seines Onkels: eine Teppichrolle! Sein Onkel machte ihm öfter merkwürdige Geschenke. Letztes Jahr hatte er ihm eine kleine Klapperschlange geschenkt. Sie war jetzt sein bester Freund und er nahm sie überall mit hin. Langsam rollte er den Teppich auf. Er hatte wunderschöne Farben. Aber was sollte er mit einem Teppich anfangen?

Er lief um den Teppich herum, mal rechts herum, mal links herum. Plötzlich fing seine Klapperschlange an, sich wild zu bewegen und da bemerkte er, wie sich die Enden des Teppichs ein wenig zu- und wieder aufrollten, so als wolle er Aliba sagen: Komm, steig auf!	Rührtrommel rechts, dann links, Stielkastagnette Die oberen 4–5 Töne des Xylophons hinab und herauf gleiten
Aliba trat zaghaft auf den Teppich. Seine Schlange kam natürlich mit. Da begann der Teppich, sich langsam in die Luft zu begeben.	Triangel 1x Stielkastagnette Xylophon von unten nach oben spielen, einzeln anschlagen
Aliba setzte sich schnell im Schneidersitz auf den Teppich, damit er nicht hinunterfiel. Unglaublich! Sein Onkel hatte ihm einen fliegenden Teppich geschenkt! Die beiden schwebten so hoch durch die Luft, dass die Häuser unten schon ganz klein aussahen. Seine Schlange klapperte vor Freude. Herrlich! Sie folgten dem Verlauf des Flusses und in der Luft war es so still, dass Aliba sogar leise sein Wasserrauschen hören konnte.	Triangel 1x Glockenspiel gleitend Stielkastagnette Shekere
Plötzlich tauchte neben ihm ein kleines Vögelchen auf. „Hallo", sagte Aliba, „Was machst du hier so ganz allein?" Der kleine Vogel weinte: „Ich habe meinen Schwarm verloren. Meine Flügel sind noch so klein und ich kann nicht so schnell fliegen wie die anderen." Aliba sagte: „Komm steig auf. Wir werden deine Freunde schon finden." Der Teppich flog jetzt etwas schneller und es dauerte nicht lange, da sahen sie einen großen Vogelschwarm. „Vielen, vielen Dank", sagte das Vögel-	Glöckchen Triangel 1x Glockenspiel schneller gleitend Schellenkranz

Triangel 1x, Glöckchen	chen glücklich und verließ den Teppich um nun wieder mit seinen Freunden weiterzufliegen.
Glockenspiel langsamer gleitend Rufterz Stielkastagnette Handtrommel mit Jazzbesen Handtrommel mit Fingerspitzen Triangel 1x Xylophon von oben nach unten, einzeln anschlagen Triangel 1x Handtrommel+Jazzbesen Xylophon von unten nach oben, einzeln anschlagen Handtrommel schlagend	Der Teppich flog jetzt wieder langsamer und Aliba genoss die schöne Aussicht. Es dauerte nicht lange, da hörte er leise Hilferufe: „Hilfe! Hilfe!" Aliba schaute sich suchend um. Seine Schlange klapperte und zeigt mit ihrem Kopf auf eine Gruppe von großen Bäumen. Da entdeckte Aliba ein kleines Kätzchen, das hoch oben in einer Baumkrone saß. Mit seinem Teppich flog er hin und fragte: „Was ist los?" Das Kätzchen miaute: „Ich bin zu hoch hinauf geklettert. Ich trau mich nicht mehr runter." Aliba sagte: „Komm, steig auf! Wir helfen dir." Das Kätzchen sprang auf den Teppich und gemeinsam schwebten sie langsam zu Boden. Das Kätzchen bedankte sich, sprang vom Teppich und lief davon. Aliba erhob sich wieder mit seinem Teppich in die Lüfte.
Stielkastagnette Glockenspiel gleitend Xylophon von oben nach unten, einzeln anschlagen Triangel 1x Xylophon gleitend von oben nach unten	Er blickte in die Ferne und sah, wie sich einige schwarze Wolken zusammengrollten. Er sagte zu seiner Schlange: „Ich glaube, dort hinten gibt es ein Gewitter. Lass uns lieber wieder nach Hause fliegen." Die Schlange klapperte zustimmend. Bald landeten sie wieder sanft in seinem Garten und Aliba stieg von seinem fliegenden Teppich ab. Der Teppich rollte sich wieder zusammen und lag da, als ob nichts geschehen wäre.

Der kleine Indianer hat Halsweh

Sonne	Klangschale
Fangen spielen	Glockenspiel gleitend
bis 4 zählen	Triangel
Anschlagen	Handtrommel
Taicho läuft	Klanghölzer
Oh jeh	Triangel
Halsschmerzen	Cabasa
Medizinmann	tiefer Klangstab
„Aaa"	Metallklangstab auf ‚a' oder Stimmgabel
Kräuter einfüllen	Rassel
Kräuter zerhacken	Holzblocktrommel oder Stielkastagnette
Kräuter mischen	Rührtrommel
mit Wasser auffüllen	Rainmaker
Kräutertrank schütteln	Schellenkranz

Weit draußen in der Prärie lebte ein kleiner Indianerjunge. Der kleine Junge hieß Taicho und er hatte viele Freunde. So oft er Zeit hatte, spielte er mit ihnen. Die Kinder spielten immer draußen, denn dort wo sie lebten, schien immer die Sonne. Könnt ihr sie spielen hören? **Klangschale**
Sie veranstalten jedes Mal ein riesengroßes Indianergeheul. Könnt ihr das auch? Toll, aber bei Taicho und seinen Freunden klang es noch viel lauter. Versucht es nochmal. Super! **Indianergeheul**

Indianergeheul

Glockenspiel	Am allerliebsten spielten sie Fangen. Und wenn sie dazu keine Lust mehr hatten, dann spielten sie Verstecken. Alle bis auf ein Kind versteckten sich. Das eine Kind hielt
Triangel 4x schlagen	sich die Augen zu und zählte bis vier. Dann begann es zu suchen. Manchmal konnte es aus irgendeinem Versteck
leises Indianergeheul	ein ganz leises Indianergeheul hören als Zeichen, dass sich hier jemand versteckt hatte. Hatte es dann das Kind
Klanghölzer	gefunden, rannten beide ganz schnell zu einem Stein, an
Handtrommel 1x schlagen	dem sie anschlagen mussten. Aber das kennt ihr ja. Ihr wisst ja alle, wie man Verstecken spielt, nicht?
Rufterz	Am Abend rief dann Taichos Mama: „Tai-cho! Taicho, reinkommen, es wird gleich dunkel." Und Taicho verabschiedete sich von seinen Freunden bis zum näch-
Klanghölzer	sten Tag und lief schnell ins Haus.
Triangel	Oh je, aber am nächsten Tag konnte Taicho nicht
Cabasa	mit seinen Freunden spielen, er hatte furchtbare Halsschmerzen. Seine Mama rief den Medizinmann. Sein Gesicht war mit vielen bunten Farben geschminkt als
Cabasa	Zeichen seines Berufes. Er untersuchte Taicho und
tiefer Klangstab	sagte: „Mach einmal den Mund auf und sage laut „Aaa".
Metallklangstab auf ‚a'	Taicho sagte: „Aaaaa". Der Medizinmann sagte: „Sag
tiefer Klangstab	noch einmal Aaa". Und Taicho wiederholte: „Aaaaaa".
Metallklangstab auf ‚a'	„Ja", sagte der Medizinmann, „du hast eine Halsentzün-
tiefer Klangstab	dung. Aber das ist nicht schlimm. Ich mische dir einen Saft und morgen bist du wieder gesund." Aus einem kleinen Beutel, den er um seinen Gürtel trug, holte
Rassel	er einige Kräuter und gab sie in ein kleines Schälchen.
Holzblocktrommel	Mit einem Mörser zerstieß er erst alles. Dann rührte er
Rührtrommel	kräftig um alles zu vermischen. Anschließend gab er
Rassel	die Kräuter in einen kleinen Becher, den er mit Wasser

auffüllte. Jetzt schüttelte er alles kräftig, dann konnte Taicho den Saft trinken. Er schmeckte nicht gut und Taicho rief: „Iiiiih", aber der Saft half. Der Medizinmann hatte Recht.

Am nächsten Tag lief Taicho wieder nach draußen und spielte mit seinen Freunden unter viel Indianergeheul Fangen. Könnt ihr sie hören?

Tipp:
Mit etwas Gesichtsschminke für Kinder sind schnell ein paar Indianergesichter gezaubert. Vielleicht erhält der Medizinmann auch eine Krone mit Federn für seinen Kopf?

Rainmaker, Schellenkranz

Alle Kinder rufen: „Iiiih"

Klanghölzer
Indianergeheul

Der Bär auf der Suche nach Honig

Schranktür öffnen	Klanghölzer 1x schlagen
Magen knurren	Reco-Guiro oder Wooden Agogo
Topf zerbricht	Schellentambourin oder Triangel
Scherben aufkehren	Handtrommel mit Jazzbesen oder mit der Hand reibend
Der kleine Bär stapft	Handtrommel
Vogel	Glöckchen
Hase	Holzblocktrommel
Bienen	Rassel
Mutter Bär	Handtrommel mit Schlegel, wenn möglich tiefer klingend
in den Arm nehmen	Klangschale

Tipp: Ideal ist die klangliche Besetzung des kleinen Bären und Mutter Bär mit einem Bongopaar.

Reco-Guiro
Klanghölzer 1x

Ein kleiner brauner Bär ist furchtbar hungrig. Könnt ihr hören, wie sein Magen knurrt? Er öffnet die Schranktür und sieht den Honigtopf. Es ist ein großer, breiter Honigtopf aus schwerem Porzellan! Der kleine Bär weiß, dass er den Topf eigentlich nicht anfassen soll, weil er doch noch so klein und der Topf doch so schwer ist.

Aber der kleine braune Bär hat einen riesengroßen Hunger. Hört doch nur: Sein Magen knurrt schon wieder. Und ihr wisst ja, wie sehr Bären Honig lieben! „Nur einmal mit dem Finger rein und ein bisschen schlecken", denkt er. Aber, oh je, da passiert es. Der Topf fällt auf die Erde und zerbricht. Der gute Honig! Jetzt liegt er in den Scherben und niemand kann ihn mehr essen. Der kleine Bär ist ganz schön erschrocken.	Reco-Guiro Tambourin
Er überlegt, was er nun machen soll und beschließt erst einmal alles aufzukehren. Wischen muss er natürlich auch. Und sein Magen knurrt immer noch ganz entsetzlich laut. Er denkt: „Ich muss neuen Honig besorgen. Sonst haben wir ja keinen Honig zum Frühstück morgen früh."	Handtrommel mit Jazzbesen Reco-Guiro
Er stapft los! Zuerst trifft er einen kleinen Vogel. „Hast du zufällig etwas Honig?", fragt er. Das Vögelchen schüttelt den Kopf: „Aber nein, wo denkst du hin? Wir Vögel essen Körner und Regenwürmer, aber keinen Honig!", und fliegt weiter.	Handtrommel Glöckchen
Der kleine Bär geht auch weiter. Er trifft einen Hasen. „Hast du zufällig etwas Honig?", fragt er. Aber auch der Hase schüttelt den Kopf: „Aber nein, wo denkst du hin? Wir Hasen fressen Salat und Möhren, doch keinen Honig!" Der Hase hoppelt weiter.	Handtrommel Holzblocktrommel
Der Bär ist ganz traurig. Er hat keine Ahnung, wo er den Honig zum Frühstück finden kann. Wenn nur sein Magen nicht so laut knurren würde. Da kommt der Hase	Reco-Guiro

Holzblocktrommel	noch mal zurückgehoppelt: „Probier's doch mal bei den Bienen!", ruft er dem kleinen Bären zu. „Danke", ruft der kleine Bär zurück und macht sich voller Hoffnung wieder auf den Weg.
Handtrommel	
Rassel	Schon bald sieht er den gelben Bienenstock. Er hört die fleißigen Bienen, wie sie ein- und ausfliegen. Schnell läuft er zu den Bienen und erzählt ihnen von seinem Missgeschick. Der Magen des kleinen Bären knurrt jetzt noch lauter. Die Bienen helfen ihm gerne und geben ihm etwas von ihrem Honig ab.
Reco-Guiro	
Handtrommel	Schnell rennt der kleine Bär nach Hause.
Handtrommel mit Schlegel	Mutter Bär kommt auch gerade nach Hause und fragt den kleinen Bär, wie sein Tag war. Der kleine Bär erzählt seiner Mutter sofort, dass ihm der Honigtopf herunter gefallen ist. Aber noch bevor sie etwas sagen kann, präsentiert der kleine Bär ganz stolz den neuen Honig. Mutter Bär fängt an zu lachen, nimmt den kleinen Bären fest in den Arm und sagt: „Das ist doch nicht schlimm, das kann doch jedem passieren!"
Tambourin	
Klangschale	

Nachbarn

| Ich- Erzähler | Klanghölzer |

Jedes Kind sucht sich ein Instrument aus und begleitet die Geschichte auf die beschriebene Weise.

Ich muss euch erzählen, wen ich heute schon alles getroffen habe. Heute früh musste ich einkaufen gehen, weil ich wirklich nichts mehr im Haus hatte. Und gleich an der ersten Ecke traf ich Herrn Langsam. Ich weiß nicht, ob ihr ihn kennt. Er wohnt hinten bei der Bücherei. Nein? Ihr kennt ihn nicht? Na, ihr könnt euch sicher vorstellen, wie Herr Langsam geht und spricht. Genau: seeehr laaangsaaam! A l l e s w a s H e r r L a a a n g s a a a m m a c h t , m a c h t e r g a a a n z l a a a n g s a a a m . E r s p r i c h t g a a a n z l a a a n g s a a a m , e r l a a c h t g a a a n z l a a a n g s a a a m , e r r ä ä u u m t g a a a n z l a a a n g s a a a m a u f u n d e r g e h t n a t ü r l i c h a u c h g a a a n z l a a a n g s a a a m . Er hatte den gleichen Weg wie ich – er wollte auch zum Bäcker und so gingen wir gemeinsam weiter. Natürlich musste ich mich dem Tempo von Herrn Langsam anpassen und so gingen wir langsam. Um ehrlich zu sein, wir gingen noch ein bisschen langsamer. Es war ganz schön schwierig, so langsam zu gehen. Ich war froh, dass Herr Langsam nach seinem Broteinkauf wieder nach Hause gehen wollte und ich alleine weitergehen konnte.

Klanghölzer

alle spielen ihr Instrument ganz langsam

alle + Klanghölzer

Klanghölzer alle spielen ihr Instrument ganz laut Klanghölzer Klanghölzer Stille Klanghölzer alle spielen ihr Instrument ganz schnell alle + Klanghölzer alle spielen ihr Instrument ganz leise alle spielen schnell und leise	Allerdings dauerte es nicht lange, da traf ich einen weiteren guten Bekannten. Es war Herr Laut. Wie ihr euch bestimmt vorstellen könnt, ist bei Herrn Laut alles sehr laut. Er war gerade aus dem Urlaub zurückgekommen und hatte viel zu erzählen. Natürlich sehr laut! Zum Glück sah ich auf der anderen Straßenseite Frau Still. Sie winkte mir zu und ich ging zu ihr hinüber. Puuh, meine Ohren freuten sich über ihre Gesellschaft, denn bei Frau Still ist es immer? – genau! Ganz still! Nach einer Weile verabschiedete ich mich. Ich kaufte in Ruhe ein und war gerade auf dem Weg nach Hause, da traf ich meine Nachbarin Frau Schnell! Und natürlich wisst ihr, wie es mir mit Frau Schnell erging. Genau: Sie redete ohne Pause, so schnell, dass ich kaum mit Hören nachkam und da sie den gleichen Weg hatte, wie ich, war es mit meiner Ruhe vorbei. Frau Schnell bestimmte das Tempo und wir rannten nach Hause. Ich war total außer Puste. Doch kaum wollte ich die Haustüre aufsperren, da kam der Briefträger vorbei. Er heißt: Herr Leise. Herr Leise erzählte mir erst ganz leise von seinem Wochenende und dann erzählte er mir, dass er eben Frau Schnell getroffen hatte. Er lachte und machte nach, wie schnell Frau Schnell reden kann, aber natürlich machte er das ganz, ganz leise. Er sprach zwar schnell, aber er sprach auch ganz leise, denn Herr Leise macht alles im Leben ganz leise.

Im Meer

Meer	Oceandrum oder Shekere
kleiner Fisch	Klangstab c''
Meerjungfrau	Glockenspiel
Krebs	Holzblocktrommel
Wal	Handtrommel
Hai	Triangel
Größerer Fisch	Klangstab c'

Seid mal ganz, ganz leise. Könnt ihr das Meer rauschen hören? Langsam und leise bewegen sich die Wellen.	Oceandrum
Und schaut mal – dort hinten kann ich einen Fisch schwimmen sehn, einen ganz kleinen. Ich glaube, er will spielen. Schnell schwimmt er durch die Wellen, da trifft er eine Meerjungfrau. Sie ist wunderschön! Er fragt sie, ob sie mit ihm spielen will, aber leider hat sie keine Zeit.	Klangstab c'' Glockenspiel
Der Fisch schwimmt weiter durch die Wellen und trifft einen großen Wal. Er fragt ihn: „Willst du mit mir spielen?" Der Wal schüttelt langsam den Kopf: „Nein, tut mir leid, ich hab keine Zeit, vielleicht morgen."	Oceandrum Klangstab c'' Handtrommel
Der kleine Fisch seufzt und schwimmt weiter. Da trifft er einen Krebs. Wieder fragt er: „Wollen wir etwas zusammen spielen?" „Keine Zeit, leider!", antwortet er knapp und läuft weiter.	Oceandrum Klangstab c'' Holzblocktrommel

Oceandrum	Traurig schwimmt der kleine Fisch weiter durchs Meer.
Klangstab c″	Da sieht er einen Hai. Er denkt sich: „Na, dann frag ich
Triangel	doch den Hai, irgendwer muss doch Zeit haben."
Oceandrum	Gerade will er auf ihn zu schwimmen, da kommt ein
	größerer Fisch angeschwommen, der vorher alles beo-
Klangstab c′	bachtet hat. Er sagt zu dem kleinen Fisch: „Pass auf, das
Triangel	da vorne ist ein Hai. Er ist gefährlich, denn er frisst uns
Klangstab c″ und	kleinere Fische gerne. Lass uns doch zusammen spielen,
Klangstab c′	ich hab Zeit!" Gemeinsam schwimmen sie weiter.
Stille, außer	Jetzt kann ich sie gar nicht mehr sehen.
Oceandrum	Nur das Meer kann ich noch rauschen hören.